LES 52.

Paris.— Imprimerie de Plon frères, rue de Vaugirard, 36.

LES 52,

PAR

ÉMILE DE GIRARDIN.

IX.

ABOLITION DE L'ESCLAVAGE MILITAIRE.

« Réduction des armées au 200e de la population de chaque Etat.
» Abolition du service militaire obligatoire.
» Liberté des vocations.
» Allégement des impôts.
» Equilibre des budgets. »
(CONGRÈS DE LA PAIX, 23 août 1849.)

PARIS.
MICHEL LÉVY FRÈRES, ÉDITEURS
DES OEUVRES COMPLÈTES D'ÉMILE DE GIRARDIN,
1, rue Vivienne.
1849.

POURQUOI UNE ARMÉE SI CONSIDÉRABLE?

A M. DE LAMARTINE.

22 novembre 1843.

En prévision de quelle éventualité? Quelle est la puissance, quel est le souverain en Europe qui nous menace? Quelle agression avons-nous à redouter qui puisse s'exercer injustement contre nous, sans armer aussitôt, tous les peuples et les ranger de notre côté? Quelle agression pouvons-nous commettre déloyalement sans reformer immédiatement la coalition de l'Europe contre nous? L'entretien de notre armée nous aura coûté, de 1829 à 1844, la somme énorme de 5,310,500,000 fr., soit en moyenne par année 331,875,000 fr. Or, si la moitié de cette somme seulement avait été employée en travaux utiles, croit-on qu'aujourd'hui la France ne serait pas plus forte, plus riche, plus puissante, plus respectée ?

Pourquoi une marine *prématurée*? Ignorons-nous donc que la plupart des vaisseaux sortis des chantiers de la France, capturés par l'Angleterre, sont allés grossir ses flottes? Oui, nous devons avoir une marine; oui, la France doit reprendre l'œuvre de Colbert, mais elle ne doit pas le faire inconsidérément, isolément, elle ne doit s'imposer cette dépense qu'en vue d'un système arrêté qui soit l'affranchissement des mers par l'union commerciale de tous les peuples du continent.

Pourquoi l'Angleterre est-elle une grande puissance? C'est qu'elle poursuit sans s'arrêter toujours la même pensée : — des débouchés pour son industrie, des débouchés et encore des débouchés, et ces débouchés qu'elle sait se faire ouvrir de toutes parts sont ce qui lui assure l'empire des mers. Les nécessités de son industrie font tout le secret de sa politique. Il n'en est pas de plus simple. Ses hommes d'état ne peuvent s'égarer. La boussole est pour eux un guide non moins sûr que pour ses vaisseaux.

Pourquoi la Russie est-elle une grande puissance ? C'est qu'elle aussi poursuit sans s'arrêter, depuis Pierre-le-Grand, la même pensée : — l'occupation de Constantinople, qui lui vaudrait les bouches du Danube, le détroit des Dardanelles, l'Adriatique et la Méditerranée, et le transport facile, par ses propres navires, des matières premières que son sol produit avec abondance. Sa politique a devant elle une route toute tracée, route large et droite qu'elle n'a qu'à suivre, et sur laquelle il n'existe qu'un danger dont elle sait habilement se préserver : la précipitation.

Pourquoi la France, après avoir fait trembler le monde entier, n'est-elle plus que le premier des états secondaires de l'Europe? C'est que présentement, répétons-le souvent, elle n'a pas de but déterminé, pas d'utile emploi de ses forces ; c'est que le rôle qu'elle remplit est purement passif ; elle est ce que sont ces fractions de poids qui servent à tenir en équilibre les deux plateaux d'une balance.

Vous voudriez qu'elle fût : « Une nation » grande et fière, donnant la paix au monde, » et ne la subissant pas. » Si la paix avait cessé de régner, je comprendrais la grandeur d'une telle mission; mais quand le monde est en possession de la paix, quand aucune puissance n'ose ou ne veut la troubler, il n'est pas plus possible à la France de donner la paix qu'il n'est vrai de dire qu'elle l'a subit.

Qu'a donc à faire la France pour sortir de cet état de vague abaissement, de malaise indéfinissable dont elle souffre et s'irrite, semblable à ces malaises dont le siége est partout et nulle part?

Doit-elle déchirer les traités de 1815, afin de rentrer dans les limites dont ces traités l'ont dépouillée? Mais alors, ce serait la guerre et non la paix que la France donnerait au monde; or, s'il est un fait qui honore la révolution de 1830, et le régime nouveau, qui leur assure une place à part dans l'histoire, c'est précisément d'avoir su s'élever tout de suite au-dessus des ressentimens les plus légitimes et des préjugés les moins faux; c'est d'avoir pressenti que les questions de territoire ne seraient plus désormais que des questions secondaires, qui passeraient après les questions de liberté, de crédit, de richesse, d'industrie et de commerce; c'est d'avoir pressenti que les montagnes, frontières naturelles, s'abaisseraient pour livrer passage aux chemins de fer, et qu'un jour tels chemins de fer, disputant aux fleuves leur empire, changeraient peut-être tous les rapports des peuples et l'assiette de la politique.

Si la révolution de 1830 et le régime qu'elle a fondé encourent un reproche, ce ne sera pas d'avoir pris une autre voie que celle qui conduisit Napoléon à la porte de toutes les capiles du monde, ce sera plutôt de n'être pas entré avec assez de confiance dans la route nouvelle qu'elle se frayait, de s'être trop fréquemment détournée pour regarder en arrière, d'avoir trop sacrifié à la crainte de la guerre, quand le meilleur moyen de s'y préparer était encore de se hâter de rendre la paix féconde et glorieuse, en ne la privant d'aucune de ses ressources.

Cela admis, par la force même des choses, que la France doit se résigner à attendre patiemment du temps la réparation de ses désastres, et un partage de l'Europe moins arbitraire et plus conforme aux intérêts des divers états dont celle-ci se compose, que ferait donc l'opposition de plus et de mieux que le gouvernement? — Elle parlerait un langage plus ferme, elle prendrait une attitude moins modeste. Mais avons-nous donc oublié déjà la fameuse note du 8 octobre 1840 et l'impuissance du ministère du 1er mars?

Nous perdons trop facilement de vue que l'Europe continentale dispose de forces considérables, qui s'unissent d'autant plus étroitement qu'il surgit une circonstance où il nous importerait davantage de les diviser. Tous les efforts de M. Thiers, en 1840, pour détacher le seul roi de Wurtemberg de la Confédération germanique ont été vains! Il y a des illusions avec lesquelles la France ne doit pas se bercer; de ce nombre est l'espoir de semer la discorde et la rivalité au sein d'états dont toutes les villes et tous les champs de bataille portent les traces ineffaçables du passage de Napoléon.

Prendre une attitude altière et parler un langage menaçant, hors les cas de guerre irrévocable ou de défense désespérée, ne furent jamais les voies d'une bonne politique; si l'on est le plus fort, cela est superflu; si l'on est le plus faible, cela est téméraire; donner un tel conseil à la France, c'est la placer entre sa perte ou sa honte; aussi, est-ce autrement que je comprends le rôle que lui ont fait vingt-cinq années de paix.

La France, dans mon opinion, doit sincèrement renoncer à toute pensée d'agrandissement territorial par une guerre dont elle prendrait l'initiative; ce qu'elle doit chercher, c'est à exercer, dans un autre ordre d'idées également pacifiques, une influence analogue à celle que la Prusse a acquise par la formation du zollwerein; la France, désaltérée de la soif des conquêtes, a les mêmes intérêts que l'Europe continentale; elle possède une grande étendue de côtes, d'excellens ports; elle a prouvé qu'elle pouvait avoir une marine redoutable et d'illustres marins. Il existe une confédération qui unit entre eux trente états ; c'est la Confédération germanique. Pourquoi cette confédération ne s'étendrait-elle pas à la Russie et à la France? Pourquoi ne se formerait-il pas une grande confédération continentale, une nouvelle diète fédérative dont l'objet principal serait d'assurer la liberté des mers, dont l'objet subsidiaire serait de régler les graves difficultés de gouvernement nées ou à naître de l'abus des armées permanentes, signalé déjà par Montesquieu (1), de l'élévation constante du chiffre de l'impôt, de l'accroissement général de la population, de la progression du paupérisme, de la multiplicité des voies de transport et de communication considérées dans leurs rapports avec l'institution des douanes?

Créer l'intérêt continental, créer la solidarité maritime; aller au devant de l'avenir commercial du monde industriel, changer ainsi de face la politique européenne, la politique de

---

(1) DE L'AUGMENTATION DES TROUPES, chapitre XVII, DE L'ESPRIT DES LOIS.

la paix armée; éteindre les défiances et les inquiétudes léguées au présent par la révolution et l'empire; transporter de la terre sur l'Océan les grandes rivalités; élever les questions, les simplifier; arriver partout avec l'esprit de paix et de conciliation; voilà le rôle auquel il suffirait que la France prétendît pour se relever dans sa propre estime, et gagner sans réserve la confiance de tous les peuples blessés par la suprématie industrielle et maritime de la Grande-Bretagne.

Dans ce système, dont l'Opposition, qui se récrie sans cesse contre l'énormité des budgets et le poids des impôts, aurait dû s'emparer, ne fût-ce qu'en raison de l'avantage qu'il lui donnait sur le gouvernement; dans ce système, l'organisation d'une réserve armée que vous demandez n'est pas un moindre anachronisme que la construction des fortifications nouvelles, contre lesquelles vous avez toujours protesté.

Les fortifications de Paris ont été votées et construites; on ne les démolira pas; s'opposer à tout ce qui serait de nature à en aggraver le danger, à l'intérieur, est désormais le seul effort qu'il soit raisonnable de tenter. J'aurais préféré assurément que l'argent qui a été employé à creuser des fossés et à élever des remparts eût servi à acheter le Louvre et à embellir encore Paris, afin que Paris se protégeât par ses merveilles mêmes et devînt la capitale des chemins de fer. Cette pensée eût été, je crois, plus juste et plus grande, plus conforme à l'esprit de la politique inaugurée en 1830, plus conforme à l'avenir des sociétés; mais, contre un vote des deux chambres exprimé en toute liberté, que faire, sinon de s'y soumettre pour donner l'exemple de la raison individuelle s'humiliant sous le respect de la loi!

Je passe donc rapidement sur ce fait, sans exemple dans l'histoire, de la fortification d'une ville renfermant dans ses murs une population d'un million de bouches, pour m'arrêter un instant à votre idée de réserve armée.

« *Réserve armée* » est une expression qui s'est introduite dans le vocabulaire politique, et qui a été trop complaisamment adoptée par ceux-là même qui auraient dû la proscrire; c'est une chimère échappée des commissions du budget, et que poursuit en vain depuis longtemps la parcimonie des chambres ! J'ai lu avec attention les divers projets de loi de recrutement, j'ai étudié avec soin tous les systèmes de réserve, et je me suis convaincu que tous ces systèmes étaient mensongers, qu'aucun ne résisterait à la première épreuve du premier coup de canon. Tous ne sont qu'une seule et même manière d'organiser une armée sur le papier et de la désorganiser sur le terrain, de tromper le pays sur ses véritables forces, de le bercer dans ses illusions, de le flatter dans ses préjugés. La chambre, dans sa session prochaine, aura à discuter le projet de recrutement sur lequel M. Vivien a déjà déposé son rapport. Oh ! ce serait à un orateur tel que vous, qu'il appartiendrait de traduire à la tribune ces mots de *pied de paix* et de *pied de guerre*, et de montrer à quel point ils sont vides de sens et pleins de dangers ! Peuple et armée sont deux mots qui représentent deux forces, *pied de paix* et *pied de guerre* sont deux mots qui ne signifient rien s'ils ne signifient : mauvaise armée en temps de paix, détestable armée en temps de guerre. Faire passer une armée du pied de guerre au pied de paix est une économie de la nature de celle qui consisterait à mettre à la diète un ouvrier en bonne santé, ayant besoin de la plénitude de ses forces. Serait-ce là de l'économie? Tous les efforts qu'on tentera pour organiser sérieusement une « réserve armée » seront vains; armer la multitude, ce ne fut, ce ne sera jamais constituer une armée. Les armées les plus nombreuses sont loin d'être les plus fortes; ce sont les plus difficiles à faire mouvoir, et celles qui exigent le plus impérieusement d'avoir pour chefs de grands capitaines : ce sont donc les moins sûres. Ayons une armée qui soit réellement une armée, dont le chiffre soit sincère, qui, en temps de paix, affermisse l'ordre et ouvre une carrière à ceux qui naissent avec une vocation militaire; qui, en cas de guerre, ne fasse marcher que des hommes bien choisis, bien instruits et bien disciplinés, bien nourris, bien armés et bien payés, robustes et résolus, ne redoutant pas plus la fatigue que le danger. On a vu souvent mille soldats aguerris en valoir dix mille qui ne l'étaient pas; cependant ceux-ci avaient coûté en armes, en munitions de guerre, en habillement, en chaussure, en nourriture, en entretien, dix fois plus que ceux-là, indépendamment du surcroît de frais d'hôpitaux et de l'inconvénient de ralentir les marches. Méditez cette observation puisée dans l'expérience de militaires consommés, et vous y trouverez deux choses : l'organisation économique d'une armée invincible et la condamnation de ces réserves illusoires « donnant à la nation, sans » rien coûter au budget, une force sédentaire » et mobilisable debout au premier coup de » canon. »

Je me résume :

Pour que la France, selon votre expression, « connaisse enfin ses alliés et ses ennemis, » il faut qu'elle se propose un but, il faut qu'elle choisisse un système, il faut enfin qu'elle opte entre le Continent ou l'Angleterre, entre la politique du passé ou la politique de l'avenir, entre la politique de la guerre ou la politique de la paix, et selon qu'elle aura fait son choix, qu'elle y subordonne toutes ses pensées et règle en conséquence l'ordre successi de tous ses travaux, même des plus utiles.

Exemple : deux choses essentielles manquent à la France :

Des chevaux pour entretenir sa cavalerie ;

Des matelots pour recruter sa marine.

Alliée de l'Angleterre, il faut à la France des chevaux ; elle ne saurait donc s'occuper avec trop de soin d'améliorer ses chemins vicinaux, ses routes et son roulage, de telle sorte qu'en cas de guerre, elle ne soit plus réduite à donner à l'Europe le spectacle qu'elle lui a offert en 1840, d'un grand peuple allant demander à ses ennemis, avec l'intention avouée de leur faire la guerre au printemps, de vouloir bien lui vendre des chevaux pour improviser cavalerie et artillerie ! Pas de chevaux sans de bonnes voies de communication et sans une agriculture perfectionnée ; pas d'agriculture perfectionnée sans une réforme de notre régime hypothécaire et sans une impulsion plus vive donnée à l'instruction primaire, etc., etc.

Alliée du Continent, il faut à la France des matelots ; sa sollicitude doit donc surtout se porter sur les moyens ou d'en former ou de s'en passer. Les moyens de former des matelots sont d'avoir une marine marchande considérable ; pas de marine marchande considérable sans commerce étendu ; pas de commerce étendu sans industrie puissante ; pas d'industrie puissante, si elle n'a pas le combustible et le fer à bon marché ; pas de combustible et de fer à bon marché sans système parfait de voies de communication et de transport ; pas de système parfait de voies de communication et de transport, au moins de longtemps, sans réductions considérables opérées sur un effectif militaire qui absorbe le quart du budget, énerve le pays et enlève au contribuable, en pure perte, le plus net de son revenu, etc., etc. (1). Le moyen de se passer de matelots serait de faire pour la navigation à vapeur, à laquelle il reste encore de grands progrès à accomplir, de difficiles problèmes à

(1) L'Assemblée constituante avait fixé l'effecti de l'armée à 150 000 hommes, en temps de paix. Sous la République, en l'an VI, la dépense du budget de la guerre ne figure que pour 95 millions

résoudre, ce que fit Napoléon pour la fabrication du sucre de betterave ; ce serait de stimuler le génie de l'homme par l'appât d'une récompense nationale très considérable. Tout progrès qui simplifiera la navigation à vapeur sera un pas en avant que feront la France et le Continent vers la liberté des mers, et un pas en arrière que fera la Grande-Bretagne. Cela vaut la peine qu'on y songe.

Voici comment tout s'enchaîne; voici comment souvent, à son insu, un peuple grandit ou décline!

Le crédit de la France va de pair avec celui de l'Angleterre. Ses hommes d'Etat ne sont pas supérieurs aux nôtres. Nos orateurs sont au moins égaux aux siens.

Nul peuple n'a une réputation de bravoure plus méritée et mieux établie que le peuple français; ses hommes de guerre ont été les premiers de l'Europe.

Que manque-t-il donc à la France, si admirablement partagée par la nature, elle qui compte dans son histoire les trois règnes de Charlemagne, de Louis XIV et de Napoléon, les plus grands capitaines et les plus illustres marins, les écrivains les plus éminens et les savans les plus célèbres, elle qui a pu payer sans peine des indemnités s'élevant à plusieurs milliards, elle qui acquitte chaque année, sans résistance, quinze cent millions d'impôts; que lui manque-t-il donc pour être, en temps de paix, ce qu'elle fut en temps de guerre? — Il lui manque d'avoir un peu de logique.

ABOLITION DU RECRUTEMENT.

27 mars 1844.

Le projet de loi de recrutement présenté en 1841 à la chambre des députés, amendé et voté en 1843 par la chambre des pairs, rapporté à la chambre des députés, a été voté à la majorité de 178 voix contre 78.

La durée du service, qui avait été portée à huit ans par la chambre des pairs, a été réduite à sept années. Sauf quelques rectrictions mises aux transactions auxquelles le remplacement donne lieu, la loi nouvelle n'apporte donc que très peu de changemens à la loi du 21 mars 1832.

Cette dernière loi aura duré douze années ; il est douteux que celle qui est destinée à la remplacer ait une durée aussi longue. D'ici à douze ans les chemins de fer auront changé les rapports de peuples à peuples et de peuples à gouvernemens ; ils auront surtout fort heureusement changé les rapports de la France avec le Continent, et ceux du Continent avec la France. La *paix armée*, cette aggravation du système des armées permanentes, aura fait son temps. Chaque pays, à l'envi, aura successivement réduit son effectif militaire, sinon pour alléger ses charges, du moins pour donner à l'impôt une autre destination, plus en rapport avec les besoins nouveaux et les idées nouvelles. Il ne faut pas être très prévoyant pour prédire que, d'ici à douze ans, toutes les grandes dépenses de travaux publics et d'armemens maritimes qui seront faites, le seront aux dépens de la force numérique des armées de terres. Il suffira qu'une seule nation prenne l'initiative de la réduction des troupes et donne l'exemple pour qu'elle soit aussitôt imitée par toutes les autres nations. Le moment approche où la vérité des paroles de Montesquieu apparaîtra à tous les yeux.

Le moment approche où tout gouvernement ne voudra plus entretenir que l'armée nécessaire au maintien de l'ordre, où la garantie la plus solide contre les éventualités de guerre générale sera dans la force de résistance qu'opposeront tous les intérêts engagés à la conservation de la paix. Déjà cette force de résistance est telle qu'elle a permis à la France, à la Belgique, à l'Espagne, après 1830, d'accomplir chez elles leur révolution sans troubler la paix de l'Europe.

Cet état de choses est appelé dans un avenir prochain à changer le mode de recrutement militaire. Aussitôt que les armées de terre n'excèderont plus la juste proportion qu'elles doivent avoir, le service militaire pourra cesser d'être obligatoire pour devenir volontaire; il ne sera plus un impôt, l'impôt du sang, l'impôt du temps, comme on l'appelle, mais une carrière, comme celle du sacerdoce, ou de l'enseignement. Il y a longtemps que nous avons imprimé qu'il arriverait un jour où il serait aussi difficile de se faire admettre dans un régiment, comme soldat, qu'il est difficile aujourd'hui d'entrer comme surnuméraire dans l'administration des douanes, des forêts ou des contributions indirectes. Cela est déjà vrai pour l'arme de la gendarmerie et de la garde municipale où il faut être protégé pour être admis. Ce jour est moins éloigné que l'on ne pense. Chaque année l'accès des carrières devient plus difficile, chaque année la concurrence rend les professions moins lucratives, le travail plus pénible, le succès, en toute entreprise, plus douteux, et cependant chaque année la population s'accroît. Dans l'ancien régime, il existait des couvens, des ordres mendians ; ces couvens, ces ordres, ont été abolis, on ne les rétablira pas. Que faire de tous ces jeunes gens qui entrent dans la vie, et qui, à un jour donné, après avoir quitté le toit paternel et frappé vainement à toutes les portes, ne savent pas comment ils vivront le lendemain ?

Adoptez pour base de la force de votre armée la proportion du 200e de la population, abaissez à seize ans l'âge où l'on pourra s'engager, faites de l'état militaire une carrière, honorez-la, faites qu'après vingt et trente années de service une retraite soit assurée, sous forme de pension ou autrement, au soldat aussi bien qu'au sous-officier et à l'officier, et soyez sûrs qu'avant que douze années se soient écoulées les cadres de l'armée seront trop étroits pour incorporer tous les fils de famille qui se présenteront, les uns parce qu'ils seront nés avec la vocation militaire, les autres parce qu'ils seront nés sans aucune vocation; celui-ci par suite de son caractère indomptable réclamant la sévérité de la discipline, celui-là parce que son père aura épuisé toutes ses ressources pour faire de son fils aîné, son successeur, du second, un desservant de village, du troisième, un instituteur primaire; tel autre parce que sa famille aura éprouvé des revers de fortune, et que son orgueil souffrirait de l'exercice d'une profession manuelle; beaucoup enfin par esprit d'imitation. Aujourd'hui c'est à qui ne sera pas soldat; on ne sait trop pourquoi, car il n'y a pas de profession manuelle moins pénible que l'état militaire, mais il suffit que l'on voie son camarade ou son voisin faire le sacrifice pécuniaire d'un remplaçant pour que, soi-même, l'on ne veuille pas servir ; toute répugnance est contagieuse ; si, au contraire, on le voyait partir, on voudrait partir comme lui, surtout, s'il fallait être protégé pour être admis. Il en est ainsi, en France. Plus les conditions d'accès seraient rendues difficiles, et plus le préjugé qui éloigne aujourd'hui la population du service militaire s'effacerait vite de nos mœurs. Tel qui se mutile encore aujourd'hui pour s'y soustraire n'aspirerait alors qu'à revêtir l'uniforme! Là nous conduisent, n'en doutez pas, la prolongation de la paix, l'encombrement de toutes les carrières, le progrès de la concurrence, l'accroissement de la population, la force des choses enfin; et ce qui le prouve, c'est le nombre même des remplaçans, qui, de l'aveu des ministres et des chambres, s'élève à près de cent mille hommes, au quart de l'armée, et continue toujours de s'accroître!

Mais, va-t-on dire, l'argument que vous tirez de ce nombre si considérable de remplaçans, et toujours croissant, est précisément l'argument qui vous condamne; car, si le service militaire excitait moins de répulsion, le nombre des remplaçans serait plus faible et tendrait à diminuer au lieu de tendre à s'accroître. Aller au devant de l'objection, ainsi que je viens de le faire, c'est montrer que je l'ai prévue et que je me suis rendu compte de ce qu'elle valait. Voici ce que je réponds :

Quelle est la raison pour laquelle le nombre des remplaçans tend constamment à s'accroître, c'est que le prix du remplacement tend constamment à diminuer. Faites qu'un remplaçant, au lieu de coûter, prix moyen, 1,500 f., coûte 3,000 fr., coûte 6,000 fr., et vous verrez aussitôt le nombre de ceux qui se font remplacer diminuer dans une proportion presque incalculable. Or, pourquoi en coûte-t-il moins chaque année pour se faire remplacer ? Evidemment, parce qu'il est chaque année plus facile de trouver des remplaçans. Pourquoi est-ce plus facile ? Je viens d'en énumérer tout à l'heure les causes en parlant de la prolongation de la paix, de l'encombrement des professions, des difficultés de soutenir la concurrence, etc. Or, s'il est devenu si facile, moyennant une faible prime, de trouver des remplaçans, qui ne sont, après tout, que des engagés volontaires d'une certaine catégorie, faites un pas, un seul pas en avant dans cette voie, améliorez le sort du soldat, assurez son avenir, et le service militaire cesse immédiatement d'être un impôt pour devenir une carrière, et vous faites revivre le principe de la loi du 10 mars 1818, principe en vertu duquel l'armée se recrutait d'abord par engagemens volontaires, et subsidiairement, en cas d'insuffisance, par appels, principe que la loi du 21 mars 1832 a renversé, bien à tort, selon nous.

D'après les termes de la loi du 11 mars 1818, l'armée se recrutait :

D'abord par des enrôlemens volontaires ;

Ensuite, en cas d'insuffisance, par des appels.

D'après les termes de la loi du 21 mars 1832, reproduits littéralement dans la nouloi votée, l'armée se recrute maintenant :

D'abord par des appels ;

Ensuite par des enrôlemens volontaires.

Ainsi, le mode subsidiaire de la loi de 1818 est devenu la base fondamentale de la loi de 1832, et de la loi nouvelle. Le progrès, cette fois, consistera à rétrograder, à revenir sur ses pas.

Dans ce système, qui est le mien, que j'ai exposé en 1838, sur lequel j'ai insisté en 1841, lors de la présentation du projet de loi que la chambre des députés vient d'adopter, dans ce système, on le comprend, toutes les questions de la répartition du contingent, des exemptions de service pour causes diverses, du remplacement, de la durée du service, de l'effectif soldé et de l'effectif non soldé, appelé *réserve*, etc., disparaissent ; aussi ai-je considéré comme superflu de les discuter, et ai-je laissé la chambre des députés terminer son œuvre sans vouloir mettre mes idées aux prises avec les siennes. Je reconnais que le temps de la maturité n'est pas encore venu pour les miennes ; il leur faut encore quelques années. Mais de ce que, de mon aveu même, elles seraient prématurées, il ne s'ensuit pas qu'elles ne soient pas justes et vraies. Plus que jamais je crois que l'avenir leur appartient.

Recrutement *volontaire*, OU service obligatoire *pour tous*, sans faculté de remplacement pour aucun, et sans autres exceptions que celles résultant d'incapacité physique ou d'indignité morale ; telle est la seule alternative qui soit dans l'esprit de nos institutions et qui ne blesse pas le grand principe de l'égalité du citoyen et de l'impôt devant la loi !

Dans le premier cas, durée de service très longue, donnant droit à une retraite réglée par la loi, ou à l'exercice de certains emplois réservés.

Dans le second cas, durée de service très courte, déterminée par l'effectif et le nombre des incorporations.

LES ARMÉES INDUSTRIELLES.

7 novembre 1846.

Oui, en effet, j'ai publié il y a dix ans un écrit intitulé : *Vues nouvelles sur l'application de l'armée aux grands travaux d'utilité publique* (1) ; mais, depuis que cet écrit a paru, j'ai réfléchi et je me suis éclairé. La méditation, l'observation et la discussion m'ont conduit à l'adoption de conclusions nouvelles.

Comme il y a dix ans, je pense que la *paix*

---

(1) ÉTUDES POLITIQUES *Vues nouvelles sur l'application de l'armée aux grands travaux d'utilité publique*. Chez Michel Lévy, 1, rue Vivienne.

armée est une aggravation du système des armées permanentes ; comme il y a dix ans, je pense que cette exagération exige impérieusement une réforme, non seulement en France, mais encore en Europe; comme il y a dix ans, je pense, d'accord avec Montesquieu, que la puissance relative des nations ne s'accroît pas en raison des sacrifices qu'elles s'imposent pour élever à l'envi les unes des autres le chiffre de leurs armées respectives ; comme il y a dix ans, je pense que le désarmement européen serait une grande mesure que réclament l'intérêt de tous les gouvernemens, celui de tous les peuples, celui de la civilisation, de l'ordre et de la paix, celui même de la conservation du principe monarchique ; comme il y a dix ans, je pense que le désarmement est une mesure dont l'initiative serait glorieuse sans être périlleuse ; enfin, comme il y a dix ans, je pense que la nation qui, la première, donnera l'exemple du désarmement imposera par ce seul fait aux autres Etats, dans leur propre intérêt, l'obligation de l'imiter, car tous les peuples sans exception se composent de contribuables. Quant à l'abus des armées permanentes, quant au mal qu'elles font, quant aux perturbations qu'elles causent et dont on ne se rend pas assez compte, je n'ai donc rien à retrancher de ce que j'ai écrit; mais une étude plus approfondie de la question m'a convaincu que chercher le remède à cet excès dans l'application de l'armée aux grands travaux publics, c'était s'égarer, c'était prendre pour arriver au but la voie la plus longue et la moins sûre. D'accord avec des officiers généraux d'une expérience consommée, je pense aujourd'hui que le problème politique et financier de la réforme des armées permanentes doit être posé dans les termes suivans :

Etant données pour la France et la nécessité de se maintenir au rang qui lui appartient parmi les grandes puissances, et la nécessité de mettre l'ordre et les institutions à l'abri de toute atteinte, chercher les conditions d'existence d'une armée qui soit à la fois la plus faible et la plus forte; la *plus faible* sous le rapport du nombre des hommes enrégimentés, la *plus forte* sous le rapport de l'instruction des troupes, de l'organisation des corps, et de la proportion des armes; en d'autres termes, trouver dans la qualité ajoutée l'équivalent au moins de la quantité retranchée.

La question ainsi posée, celle de l'emploi de l'armée aux travaux publics disparaît et perd toute importance, car on n'a plus devant soi qu'une armée peu nombreuse, ne coûtant strictement que ce qu'elle doit coûter, faible par le nombre, mais forte par le choix, enfin, une véritable armée d'élite.

Les proportions d'une armée ne sauraient être trop soigneusement étudiées, trop sévèrement observées, car c'est à propos d'elles surtout qu'on peut dire que la pesanteur s'allége par l'équilibre.

Trop considérables, ou trop faibles, les armées ont également pour conséquence de mettre l'ordre et la paix en question.

Trop considérables, elles éveillent la défiance, elles créent des coalitions puissantes ou ténébreuses; trop faibles, elles exposent au dédain, elles suscitent des agressions injustes ou téméraires.

Dans les Etats constitutionnels surtout, le chiffre de l'armée a une grande importanc politique ; car, pour peu qu'il soit suspecté d'exagération, il rend aussitôt les partis plus ombrageux, plus insatiables de garanties légales, plus difficiles à gouverner ; il a pour effet d'exposer l'armée à des débats parcimonieux qui la découragent, la blessent et l'indisposent contre les institutions et les formes représentatives.

La plus grande force d'une nation réside dans la confiance qu'elle s'inspire à elle-même et dans le respect qu'elle commande. Ce sont deux avantages qu'une bonne constitution de ses armées peut seule lui donner.

La constitution d'une armée est bonne : — lorsqu'elle tire moins sa supériorité du grand nombre de soldats qui la composent que de la perfection de leur instruction, sous le double rapport du développement des forces du corps et des facultés de l'esprit ; lorsque le nombre des soldats est en juste proportion avec celui des officiers, et que les premiers sont relativement nombreux et les seconds suffisamment rétribués pour qu'ils puissent attendre patiemment les effets de l'avancement ; lorsque les lois de l'avancement ne sont jamais transgressées et que le droit et la mortalité le règlent exclusivement ; lorsque le grade et l'emplo restent toujours inséparables ; lorsque l'arbitraire et la faveur rencontrent pour invincibles obstacles un système et un code militaires se prêtant un mutuel appui : lorsque la durée du service est longue, que les contingens annuels sont faibles et les réengagemens nombreux ; lorsqu'à défaut de gloire à recueillir sur les champs de bataille, le sentiment du patriotisme et de l'honneur est constamment entretenu par l'émulation du savoir; lorsque, enfin, sans nuire au dedans à l'abondance du travail et au développement du crédit public, la force militaire élève au dehors à leur plus haute expression le crédit et la prépondérance politique d'une nation ; quand elle lui permet de tenir constamment un langage imposant, quand elle assure le succès de ses négociations diplomatiques, quand elle facilite la conclusion de traités avantageux à son commerce, quand enfin elle peut se dire, sans se faire illusion, que les forcent dont disposent ses alliés lui appartiennent par la confiance qu'elle leur inspire.

L'organisation d'une armée est mauvaise :—

lorsque le pied de paix est destructeur du pied de guerre; lorsque les cadres des officiers, sans proportion avec l'effectif des soldats, enlèvent au commandement l'étendue, l'action et le prestige qui lui sont nécessaires; lorsque, dans un état démocratique, il est arithmétiquement impossible à l'officier de subsister honorablement avec sa solde; lorsque, enfin, le principe sur lequel repose l'autorité militaire est une violation de l'esprit général des institutions du pays.

Réduire sensiblement le chiffre et la dépense de l'armée sans l'affaiblir, tel est le progrès que nous avons à demander à une meilleure constitution militaire; à une loi de recrutement conçue dans un esprit plus conforme à l'esprit de notre temps; à un autre mode de casernement; au perfectionnement successif de toutes les armes et munitions de guerre, etc., etc. Tel est le progrès qui devrait être l'objet des méditations les plus profondes de nos hommes d'Etat, car il se lie à l'avenir politique de notre société, de jour en jour plus industrielle, beaucoup plus étroitement qu'on ne paraît le croire communément.

Mais de cet avenir gravement menacé, qui s'en occupe? Quand on a changé la coupe d'un habit, la forme d'un sabre, déplacé des buffleteries, on croit avoir assez fait; cependant les avantages d'une armée d'élite, où la proportion des armes serait établie avec toute la précision enseignée par l'expérience et par la science de la guerre, où les hommes peu nombreux seraient choisis et exercés avec tout le soin que prescrit Végèce, cet auteur sur lequel quinze siècles ont passé sans affaiblir son autorité, où tout perfectionnement, toute simplification, toute économie, seraient sûrs de trouver le même accueil empressé que celui qu'ils reçoivent de toute grande industrie en progrès; ces avantages seraient considérables à tous les points de vue.

Au point de vue de notre politique extérieure, car la réduction numérique de nos forces de terre combinée avec une augmentation de nos forces de mer serait un double gage donné à l'affermissement de la paix : premièrement, en ce qu'il achèverait de rassurer pleinement les puissances secondaires sur les intentions d'agrandissement territorial et de prépondérance politique que se plaisent à nous attribuer d'habiles rivaux pour entretenir contre nous une défiance prête à s'éteindre, et qu'ils craignent de voir tourner plus justement contre eux; deuxièmement, en ce qu'il nous constituerait tout naturellement les protecteurs sur mer de tous les pavillons mis en péril par la supériorité industrielle et maritime de l'Angleterre, envahissant tous les marchés du monde, à l'exclusion des autres nations, gravement menacées dans leur repos par le développement même de leur industrie privée de tous débouchés dans le présent et dans l'avenir.

Au point de vue de nos finances, que compromettent, sans qu'on s'en rende un compte assez exact, l'exagération et la mauvaise constitution de notre armée, dont la dépense, toujours croissante, s'élève à plus d'un million par jour (1).

---

(1) De 1830 à 1847 inclusivement, c'est à dire dans une période de dix-huit années, les dépenses de l'armée ont été en totalité de SIX MILLIARDS 65 millions,541,119 fr., y compris les pensions mili-

Au point de vue de la richesse publique et du crédit, dont le développement est arrêté par l'excès d'une telle dépense, excès qui nous a empêchés, depuis quinze ans, de donner à nos grands travaux publics l'impulsion qui les eût terminés avec d'autant plus d'économie qu'ils eussent été plus rapidement exécutés; excès qui nous empêche de réaliser d'importantes e d'urgentes améliorations de toute nature; ex cès qui s'oppose à ce que nous portions la réorme au sein de nos impôts, à ce que nous osions faire une expérience qui cependant se-

---

taires portées à la charge de la dette publique. La dépense moyenne a été de 336,974,507 fr. Mais cette moyenne a été de beaucoup dépassée dans les cinq dernières années; elle est de 377,266,704 fr., en y comprenant les travaux extraordinaires régis par les lois des 25 juin 1841 et 11 juin 1842. Si, enfin, on ajoute les crédits supplémentaires, extraordinaires et autres qui viendront grossir le chiffre des crédits primitifs, pour les années postérieures à 1844, dont le réglement définitif n'a pas encore eu lieu, on trouvera que les dépenses du ministère de la guerre s'élèvent à la somme de quatre cent millions par an, *soit* 1,095,890 *francs par jour.*

rait sans danger, celle de l'application large et judicieuse du principe de la modération des taxes à toutes celles de nos taxes qui sont exagérées.

Au point de vue de la population, que nous abâtardissons en lui enlevant tous les ans ses plus beaux hommes, ses hommes les plus vigoureux, pour aller les faire moissonner en Algérie, ou s'énerver dans « l'oisiveté militaire qui, malgré le service et les exercices, laisse beaucoup de temps sans emploi, et qui tourne parfois à l'ennui, à l'intempérance, aux vices des villes et aux maladies (1) ».

Au point de vue de l'avenir de notre société industrielle, dont nous ne saurions trop nous préoccuper; croit-on que si le royaume-uni de la Grande-Bretagne était placé sous l'empire des mêmes institutions militaires que celles qui nous régissent, l'Angleterre luttât aussi facilement et victorieusement contre l'épou-

---

(1) Rapport du général Durieu au nom de la commission chargée de l'examen du projet de loi concernant l'appel de 80 millle hommes.

vantable misère de ses ouvriers, et les tortures de l'Irlande en proie à toutes les horreurs de la faim? Ce qui sauve l'Angleterre d'un aussi grand péril, c'est qu'elle n'a qu'une milice soldée, c'est qu'elle se garde bien de former au maniement des armes la population de ses villes et de ses fabriques, que les constables ne pourraient plus contenir si elle avait appris à porter un fusil.

Au point de vue de la jeunesse, qui, ayant à se frayer une carrière, ne sait laquelle prendre entre toutes les professions également encombrées.

Au point de vue, enfin, de l'armée elle-même, qui pourra être d'autant plus largement rétribuée qu'elle sera moins nombreuse.

Faire du service militaire une profession honorable et assez lucrative, pour rivaliser avec l'administration des douanes, des forêts, des contributions directes et indirectes, etc., et promettre d'abolir le recrutement forcé : telle est l'idée à laquelle je me suis pleinement rallié; je la crois plus saine, plus juste, plus pratique que celle de l'emploi de l'armée aux grands travaux publics, même réduite aux termes si simples auxquels j'avais essayé de la ramener.

Napoléon a dit (1) :

« La conscription est la loi la plus affreuse et la plus détestable pour les familles, mais elle fait la sécurité de l'Etat. »

Il y a aujourd'hui deux mots à changer à cette opinion ; à la place de ceux-ci : *la sécurité*, il faut mettre ceux-là : *le péril*.

Si l'on n'y prend sérieusement garde, ce sera par l'excès des armées permanentes que périront les nations industrielles.

---

(1) *Opinions de Napoléon*, par M. Pelet (de la Lozère), page 229.

DÉPENSES DU MINISTÈRE DE LA GUERRE DEPUIS 1830.

Exercices.	Somme portée au budget définitif.	Pensions militaires inscrites au compte de la dette publiq.
—	—	—
1830......	243,613,402 fr.	46,251,580 fr.
1831......	386,624,854	44,412,139
1832......	338,328,364	44,213,073
1833......	300,981,062	44,076,168
1834......	255,442,618	44,783,062
1835......	237,487,849	45,491,323
1836......	218,433,937	45,631,505
1837......	230,582,531	45,151,048
1838......	240,733,357	45,523,039
1839......	241,135,931	45,311,642
1840......	367,233,184	44,835,013
1841......	385,537,070	43,923,252
1842......	325,8[illegible]9,218	42,934,488
1843......	310,532,894	42,012,875
1844......	297,868,804	41,336,848
1845......	306,975,320	41,800,000
1846......	297,476,929	40,930,000
1847......	301,816,770	39,930,000
Totaux....	5,276,694,094	788,847,025
Moyenne..	293,149,672	43,824,835
	336,974,907 fr.	

Non compris pour travaux extraordinaires :

37,814,943 loi du 25 juin 1841.
23,019,500 loi du 25 juin 1841 et loi du 11 juin 1842.
28,120 000 — —
34,733,571 — —
41,442,064 — —

165,129,078 fr.

SIX MILLIARDS DEUX CENT TRENTE MILLIONS *cinq cent soixante mille francs*, tel est le chiffre de la prime payée par la France depuis dix-huit ans pour s'assurer contre les risques de guerre ! Ce relevé, d'une rigoureuse exactitude, devrait être imprimé en grosses lettres et affiché dans le cabinet de tous nos hommes d'Etat, afin qu'ils l'aient constamment sous les yeux.

Si, au lieu de cette prime d'assurance de six milliards payée en pure perte, la France n'eût dépensé que la moitié de cette somme et eût employé l'autre à fortifier sa marine, à améliorer, à achever ses voies de communication et de transport, encore si imparfaites et si incomplètes, à abolir ou à abaisser toutes celles de ses taxes qui font obstacle au développement de la consommation, au progrès de son agriculture, de son industrie, de son commerce, à perfectionner son système d'impôts, et à donner à son crédit tout l'essor qu'il ne demandait qu'à prendre, croit-on que la France, aujourd'hui, ne serait pas plus forte, plus respectée et plus recherchée, plus mûre aussi pour la solution de cette question de la liberté des échanges, dont on fait tant de bruit depuis quelques temps?

Je me borne à poser la question.

A QUOI MENE UNE ARMÉE TROP COUTEUSE.

14 novembre 1846.

Le *Moniteur de l'Armée*, s'emparant des réflexions qui précèdent, y répond ce qui suit :

« Il n'y a qu'à choisir entre une armée forte, puissante, morale, capable de défendre notre indépendance au dehors, l'ordre et la loi dans l'intérieur,—et un effectif pour lequel une déclaration de guerre de la *couronne de Monaco* serait un cas menaçant et capable de porter la perturbation dans le cours des actions industrielles. La *conscription* nous donne cette armée puissante ; l'engagement volonaire sans concurrence ne suffirait pas à nous mettre sur le pied militaire d'une de ces républiques de l'Amérique du Sud qui font irruption dans un Etat voisin avec un corps expéditionnaire de trois cents hommes de toutes armes. »

Comment un journal *semi-officiel*, qui s'appelle le *Moniteur de l'Armée*, peut-il traiter avec si peu de gravité une question si grave, qui intéresse à un si haut degré les finances, le crédit, la puissance et l'avenir du pays ?

Est-ce que sérieusement l'on peut dire que la Grande-Bretagne, par exemple, qui n'a qu'une armée soldée extrêmement faible et peu coûteuse, uniquement recrutée par des enrôlemens volontaires *à vie* (1), est impuis-

---

(1) L'armée anglaise a 2 régimens de gardes-du-corps, 1 régiment de gardes à cheval, 7 régimens de dragons de la garde, 16 régimens de dragons, 7 bataillons de gardes à pied, 99 régimens de ligne, la brigade de tirailleurs, 3 corps de troupes des Indes-Occidentales, quelques autres corps coloniaux, le régiment royal d'artillerie, le corps royal des ingénieurs et le corps royal des mines. Pour tous ces corps de troupes, à l'ex-

sante à défendre « son indépendance au dehors, l'ordre et la paix dans l'intérieur ? » Est-ce que cette armée ne lui suffit pas pour

---

ception des corps coloniaux, le recrutement s'opère dans la Grande-Bretagne ; l'artillerie, la garde, les sapeurs, les mineurs et les marins ont un mode particulier de recrutement.

Il y a des districts, au nombre de dix : cinq en Angleterre, deux en Ecosse et trois en Irlande, qui sont les quartiers généraux du recrutement. Un officier-inspecteur, un chirurgien-major, un adjudant, un payeur et un ou plusieurs officiers surintendans sont attachés à chacun de ces districts.

Quand un régiment a besoin de remplir son cadre, on envoie dans l'une de ces circonscriptions, sous les ordres d'un sergent (*non commissionned officer*), les soldats recruteurs jugés nécessaires. Ces recruteurs, suivant les circonstances, sont au nombre de deux, trois, quatre ou cinq, et ils appartiennent généralement au district de la contrée où on les envoie. Dans quelques districts, les recruteurs sont en plus grand nombre. A Glascow, qui est le quartier général du recrutement pour l'Ecosse, ils sont, en moyenne, dix-sept ; à Belfast, ils sont ordinairement sept, et de dix-sept à dix-neuf à Dublin. Le re-

contenir l'Irlande opprimée, l'Irlande affamée, empêcher les ouvriers de ses innombrables fabriques, de ses gigantesques usines, de ses

---

crutement exige de l'expérience, et le succès dépend en grande partie du choix des sous-officiers chargés de diriger ce service. Ils doivent l'exemple de la réussite aux recruteurs qu'ils ont sous leurs ordres. On cite un sergent appartenant au 26e régiment qui, en sept années de recrutement dans Glascow, avait enrôlé, de son propre fait, au-delà de 700 recrues.

C'est une opinion assez accréditée que l'opération du recrutement s'exécute par surprise, par artifice et par d'autres pratiques semblables de la part du sergent et des hommes placés sous ses ordres. Sans contredit, c'était autrefois le moyen usité ; aujourd'hui, on y a rarement recours. Les recrues ont largement le temps de réfléchir au parti qu'elles ont pris.

Si un homme est enrôlé au quartier général d'une sous-division, il est conduit devant l'officier surintendant, qui s'enquiert de son âge, de son état, s'il est ou non marié, et s'il a été enrôlé déjà Une fois instruit de ces particularités, l'officier fait mesurer la recrue avec une rigoureuse exactitude. C'est là un point essentiel des fonctions de l'officier surintendant, qui doit dé-

inépuisables mines, de s'insurger contre l'insuffisance des salaires aggravée par l'excès des heures de travail, et ses immenses meetings

---

jouer les divers moyens dont on use pour se rapetisser ou se grandir. Les recrues qui ont la volonté d'être soldat adoptent différens stratagèmes pour atteindre à la taille requise, comme de fourrer quelque substance dans leurs cheveux, etc., et celles qui voudraient n'être pas reçues se rapetissent et plient les jointures des genoux en portant la tête en avant.

Mais toutes ces manœuvres ne servent de rien ; si la ruse n'est pas aperçue de l'officier, la recrue, assujétie à une épreuve plus sévère, en passant à l'examen du chirurgien-major, ne saurait avoir que peu d'espérance d'en imposer. Devant ce chirurgien, les recrues, dans une nudité complète, sont examinées de la tête aux pieds : on les fait marcher dans cet état, et elles doivent tendre dans tous les sens les jointures et les membres.

Une fois déclaré bon pour le service, l'homme enrôlé doit se présenter devant un juge de paix, par qui il est attesté (cette attestation a le caractère d'un témoignage authentique) que la recrue a été enrôlée par un acte de sa libre volonté. Dès cet instant, elle a droit à la paie de soldat, et

de dégénérer en redoutables émeutes ? Est-ce que, par hasard, la couronne d'Angleterre et la couronne de Monaco occuperaient l'une et

---

après qu'elle a paru devant l'officier inspecteur, son admission est immédiatement prononcée.

Tels sont les degrés observés depuis le moment où les recrues reçoivent l'argent de leur enrôlement jusqu'à leur admission définitive.

Les commandans des corps qui ont besoin de recrues donnent presque toujours des instructions particulières au sergent envoyé en recrutement. Elles ont trait généralement à l'extérieur des hommes à enrôler, à leur taille, à leur agilité, etc. Quelques commandans sont allés dans leur zèle, non seulement pour la belle apparence de la troupe, mais pour sa moralité, jusqu'à indiquer la foi religieuse qu'ils préfèrent. D'autres ne veulent que des recrues sachant lire, écrire et compter.

Un trait exclusivement propre au recrutement de l'armée anglaise, c'est que l'enrôlement a lieu pour la vie.

Un moment, il a été question de substituer un service limité à l'enrôlement à vie. Sur quatorze officiers généraux appelés à donner leur opinion à cet égard, sept se sont prononcés pour le main-

l'autre le même rang dans l'échelle des nations dressée à l'usage du *Moniteur de l'Armée ?* Si l'Angleterre est si faible et si nous sommes si forts avec une prétendue armée de cinq cent mille hommes qui nous coûte plus d'un million par jour, plus de 365 millions par an, d'où vient donc que l'Angleterre se montre à notre égard si arrogante; d'où vient donc que nous n'oserions pas tolérer parmi nous le plus petit meeting ?

Sans doute le *Moniteur de l'Armée* ne laissera pas sans réponse de si simples questions.

Quelle est l'une des principales causes à laquelle l'Angleterre et les Etats-Unis d'Amérique doivent l'immense développement de leur puissance navale ? Est-ce à l'étendue de leurs côtes ? Mais la France aussi a des côtes éten-

---

tien du système existant, six pour son abolition, et un est resté dans le doute. La principale raison à l'appui de l'enrôlement à vie paraît être la grande dépense qui résulterait du renvoi des hommes, au terme du service, dans leurs foyers, du fond des stations si lointaines où le soldat anglais est susceptible d'être employé.

dues. Est-ce à la supériorité de leurs ports ? Mais la France, elle aussi, a d'excellens ports ouverts sur deux mers, sur l'Océan et la Méditerranée. Est-ce à leur génie industriel et commercial ? Mais les rapides progrès qu'ont fait depuis vingt ans notre industrie et notre commerce prouvent que, si nous avions moins vainement sacrifié à la gloire depuis le règne du roi Louis XIV jusqu'à la chute de l'empereur Napoléon, aucune nation ne nous eût surpassés. La cause principale, la cause essentielle à laquelle l'Angleterre et les Etats-Unis d'Amérique doivent leur grandeur dans le monde est, il ne faut pas en douter, dans leur position topographique, qui leur a permis de consacrer au développement et à l'entretien de leurs forces navales la plus grande partie des ressources que les autres nations étaient et se croient encore obligées de consacrer à leur armée de terre.

Si l'Angleterre et les Etats-Unis avaient eu à solder chaque année un effectif aussi coûteux que le nôtre, leur marine, leur industrie, leur commerce eussent-ils pris le même essor? Nous le demandons au *Moniteur de l'Ar-*

mée lui-même : si la négative n'est pas douteuse, qu'a donc à faire la France en vue de la seule rivalité qui la menace sérieusement dans le développement de sa puissance, et dans le progrès de son industrie ? Ce qu'elle a à faire est tout simple, et ressort de la nature même des choses : il est évident que plus elle allégera le poids que fait peser sur elle l'exagération ou la mauvaise constitution de son armée, et plus il lui sera facile d'étendre sa marine, ses débouchés et ses échanges, trois choses inséparables.

Il faut décider : ou la déclaration du ***Moniteur de l'Armée*** est fondée, ou elle ne l'est pas ; si elle est fondée, nul espoir ne nous reste de voir réduire la dépense de l'armée au-dessous du chiffre de 377 millions par an, chiffre exorbitant, chiffre écrasant, qui explique comment notre agriculture, notre industrie, notre commerce sont encore si arriérés, si faibles, qu'ils ont besoin d'une protection presque prohibitive, protection qui pour être nécessaire n'en est pas moins humiliante pour notre orgueil national ; si cette déclaration n'est pas fondée, comment a-t-elle osé se produire dans un journal qui engage la responsabilité du gouvernement? Dans l'un comme dans l'autre cas la déclaration du *Moniteur de l'Armée* appelle sur elle toute l'attention des membres des deux chambres, des écrivains de la presse et de tous les hommes politiques.

Une armée qui, sous un régime dont la devise est : « *la paix partout, la paix toujours,* » nous coûte 377 millions par an, est aujourd'hui un anachronisme, un contre-sens, plus que cela, un boulet mis aux pieds de la France et qui la condamne à l'immobilité et à l'impuissance; tandis que l'Angleterre, sa rivale, n'ayant pas le même poids à traîner, achève de s'emparer des derniers marchés du monde, va partout montrer son pavillon, dérouler son drapeau, étaler sa suprématie, imposer les produits de son industrie et de son commerce, au nom retentissant de la liberté des échanges!

Ou il faut que nous renoncions au rôle qui nous est réservé de devenir une grande puissance industrielle, commerciale et maritime appelée à protéger toutes les marines secondaires, à les lier entre elles, à unir l'ancien et le nouveau monde dans un même intérêt : celui de la liberté des mers ; ou il faut que nous réduisions considérablement la dépense de nos armées de terre et que nous en changions les bases. Il n'y a pas trois alternatives, il n'y en a que deux.

Si nous voulons n'être jamais qu'une nation à la suite de l'Angleterre, baissant la tête quand elle lève le regard, hors d'état de résister sans imprudence et sans danger à ses prétentions hautaines de domination et d'envahissement, fabriquant toutes choses plus chèrement qu'elle, courant aveuglément au devant d'épouvantables crises industrielles produites par cette double cause : l'excès de la concurrence et le défaut absolu de débouchés extérieurs, maintenons ce qui est, continuons de jeter plus d'un million par jour à la crainte irréfléchie de guerres impossibles ; mais, si nous voulons que la France ait dans les conseils de l'Europe une voix qu'on écoute, ayons une marine militaire et marchande qui soit une force ; ayons un crédit qui soit dégagé de tout ce qui le complique, l'énerve et l'entrave ; ayons des impôts moins lourds et mieux assis, afin que le *prix de revient* de toutes les fabrications importantes puisse s'abaisser; ayons des finances dont l'ordre soit si parfait qu'il n'ait rien à redouter des mauvais jours, et que nos grands travaux publics commencés ne soient pas exposés à être interrompus; enfin, changeons un état de choses suranné, qui appartient à une autre politique, à une autre ère. L'ère pacifique et industrielle, l'ère des chemins de fer et des débouchés a d'autres conditions à remplir, d'autres exigences à satisfaire que l'ère belliqueuse et dynastique, l'ère des prétentions de familles et des agrandissemens de territoire, qui s'est glorieusement fermée sur le roi Louis XIV et l'empereur Napoléon.

Pourquoi une armée de 500,000 hommes coûtant 400 millions? Si vous le savez, dites-le. Admettons l'éventualité d'une agression : est-ce que c'est du côté de nos frontières de terre qu'elle serait à craindre? La Belgique, la Prusse, la Suisse, la Sardaigne, l'Espagne, sont-elles des rivales ombrageuses, inquiètes, arrogantes, redoutables, menaçant notre nationalité? Pourquoi donc une armée de 500,000 hommes coûtant 400 millions? Aurions-nous l'arrière-pensée de déchirer les traités de 1815, et de reprendre la rive gauche du Rhin? Qu'y gagnerions-nous? En serions-nous sensiblement plus forts et mieux gardés? Depuis le perfectionnement de la navigation à vapeur, les fleuves, même les océans, ne sont plus d'inaccessibles frontières; les îles n'ont plus de priviléges. Aussi l'Angleterre, qui le sait, fortifie-t-elle ses côtes. Aujourd'hui la force, la richesse, la puissance d'une nation ne sont plus en raison seulement de l'étendue de son territoire, mais en raison surtout des progrès de son agriculture, de son industrie, de son commerce et du développement de ses institutions de crédit. Voyez l'Angleterre, voyez la France! Le territoire britannique est moins vaste que le territoire français. Eh bien! l'influence de la Grande-Bretagne dans le monde en est-elle moins prépondérante? Ce qu'il faut désormais aux nations, ce sont moins des additions de territoires, que des certitudes de débouchés; or, des débouchés ne se conquièrent pas la baïonnette au bout du fusil; ils se conquièrent en vendant et en transportant à meilleur marché que ses concurrens les produits de son sol ou de son industrie. Pourquoi donc une armée de 500,000 hommes coûtant 400 millions? Serait-ce afin d'être prêts à jeter le poids de l'épée de Charlemagne et de Bonaparte dans la balance du monde, au cas où Reschid-Pacha, lui et ses successeurs, succomberaient dans la noble entreprise de reprendre en sous-œuvre l'empire ottoman, de lui donner des fondemens nouveaux, une vie nouvelle? Mais, alors même que ce cas arriverait, si nous continuions de n'avoir qu'une marine impuissante et isolée, quel serait notre rôle entre l'Angleterre et la Russie? A quoi nous serviraient nos armées de terre? A quoi nous ont-elles servi en 1840? A assister de loin, l'arme au bras, après la signature du traité du 15 juillet, au bombardement de Beyrouth, à la soumission de notre allié Méhémet-Ali, au rappel de notre flotte? Pourquoi donc une armée de 500,000 hommes coûtant 500 millions? Si, au dehors, notre indépendance pouvait être sérieusement attaquée, elle ne le serait qu'à bord de nos vaisseaux, trop faibles en nombre pour la défendre contre les navires du Royaume-Uni. N'est-ce donc que pour protéger au dedans l'ordre et la loi? Mais, aveugles que vous êtes, ne voyez-vous pas que ce qui fait votre sécurité est précisément ce qui devrait faire votre inquiétude et éveiller votre prévoyance? La concurrence, qui jamais ne sommeille, qui jamais ne se repose; la concurrence, cette implacable divinité qui joue dans nos sociétés industrielles le rôle que jouait la fatalité dans les sociétés antiques; la concurrence, qui invente, perfectionne, simplifie des machines aussi puissantes que des nations; la concurrence est là qui nous presse, qui nous aiguillonne, qui nous excite à produire et sans cesse et sans fin, à recommencer en sens inverse l'œuvre des Danaïdes, à emplir toujours un tonneau qui jamais ne se vide. Eh bien! quand nous aurons entassé le mont Pélion sur le mont Ossa, ruines sur ruines, faute de marchés où nous puissions exporter et échanger nos produits, faute de marine qui nous permette d'aller découvrir, disputer et conquérir s'il le faut des débouchés indispensables, que ferons-nous? Que ferez-vous? Mitraillerez-vous impitoyablement vos ouvriers ameutés autour des manufactures fermées, et faisant de nouveau entendre ce cri du désespoir et de la faim: *Vivre en travaillant, ou mourir en combattant?* C'est là que nous attendent l'avenir et ses dangers, le radicalisme et toutes ses passions mauvaises! L'ouvrier français est formé à une autre école que l'ouvrier irlandais, l'ouvrier anglais, l'ouvrier américain; chaque année, vous arrachez à la culture des champs et au travail des ateliers 80,000 Français, les plus vigoureux, pour les exercer pendant cinq ans, terme moyen, au maniement des armes, les aguerrir, leur apprendre à mépriser le péril, à braver la mort; et vous croyez que le jour venu de la phlétore industrielle et de la crise commerciale, cette population de vos manufactures, que vous aurez fait passer tout entière sous vos drapeaux, oubliera tout à coup ce que vous lui aurez si laborieusement appris, et se laissera tuer sans se défendre? Vous croyez que vos soldats eux-mêmes, après avoir déchargé une première fois leurs armes, ne s'arrêteront pas émus, ne reculeront pas épouvantés à la vue des flots de sang de leurs frères aînés, de leurs parens, de leurs compagnons de fabriques ou d'étables? Aveuglement des aveuglemens! Encore une fois, pourquoi donc une armée de 500,000 hommes coûtant 400 millions?

Le temps où nous vivons est un temps de

transitions. Ce n'est plus la guerre, ce n'est pas encore la paix. Peut-être le jour n'est-il pas arrivé d'appliquer nos idées, de changer radicalement les bases de notre loi de recrutement, mais le moment est venu de réduire considérablement la dépense de nos armées. Si les chambres législatives font bien, elles n'entreront pas dans le détail des réductions à opérer, elles se borneront à déclarer qu'à partir d'une époque qu'elles fixeront, elles entendent que le budget de la guerre, en temps de paix, ne dépasse pas 180,000 millions. Ce sera ensuite à M. le ministre de la guerre à s'arranger, à chercher le mode d'organisation le plus économique et le plus parfait, à régler la proportion des armes entr'elles, à prononcer sur le degré d'utilité des dépenses. Qu'on n'objecte pas que l'occupation de l'Algérie s'oppose à la réduction de nos armées de terre; ce serait une mauvaise raison. Ce n'est point par la multiplication des expéditions et des razzias, et la pompe des bulletins, que nous viendrons à bout des difficultés de l'occupation: c'est par la colonisation. Or, le moyen de hâter le triomphe de la colonisation, c'est de lui donner toutes les garanties et toutes les facilités dont elle a besoin. Sous ce rapport, qu'avons-nous fait depuis quinze ans, qu'a fait depuis cinq ans M. le maréchal Bugeaud? Où en sommes-nous, hélas? Nous en sommes encore à poursuivre Abd-el-Kader et à déclarer à la tribune que cent mille hommes ne suffisent pas à protéger nos établissemens.

Je conclus : Si l'on ne prend pas une mesure énergique, les dépenses du département de la guerre, qui chaque année auraient dû diminuer sensiblement, continueront au contraire chaque année de s'accroître. Où s'arrêtera-t-on dans cette voie? Où nous conduit-elle? Je l'ai dit : — à l'affaiblissement de la France, à d'inévitables crises commerciales, à une révolution sociale, peut-être! révolution terrible, qui cette fois ne se laisserait pas désarmer par le renversement du trône, et voudrait aussi le sacrifice de la propriété.

C'est un péril que le *Moniteur de l'Armée* peut très bien ne pas apercevoir, mais c'est un péril que pressentent avec effroi tous les hommes placés assez haut pour voir de loin.

LE REMPLACEMENT MILITAIRE.

26 novembre 1846.

Le *Moniteur de l'Armée* a cessé de railler et de mettre en avant la *couronne de Monaco* ; mais, devenu sérieux, il n'admet pas qu'on puisse comparer la France à la Grande-Bretagne :

« Il n'y a point, dit-il, de justes et logiques rapprochemens à établir entre les constitutions militaires de deux pays dont *les mœurs, les institutions et les positions géographiques* sont si différentes. »

Cette différence, je l'avoue, a existé; mais,

à son tour, le *Moniteur de l'Armée* sera forcé de convenir qu'elle tend constamment à s'affaiblir et à disparaître.

Les mœurs!... mais elles se rapprochent et se ressemblent chaque jour davantage. Encore quelques années, et elles seront si parfaitement pareilles, qu'on ne pourra plus les distinguer. Anglais et Français, l'industrie et le commerce nous poussent fatalement dans les mêmes voies, nous font contracter les mêmes usages, nous forment à la même éducation.

Les institutions !... mais, en France comme en Angleterre, ne sont-elles pas représentatives ? A Paris comme à Londres, n'avons-nous pas la liberté de la tribune et de la presse, deux chambres, une royauté inviolable (ce qui, dans l'un et l'autre pays, n'a pas empêché de la violer), et des ministres responsables ?

Les positions géographiques !... mais depuis l'invention et le perfectionnement de la vapeur, qui permettent d'aller débarquer une armée sur des côtes, les îles ont perdu leur situation privilégiée. Essayez de fortifier des côtes aussi étendues que celles du Royaume-Uni !

En quoi donc, s'il vous plaît, consiste cette différence si grande entre l'Angleterre et la France que celle-là puisse se contenter d'un effectif soldé de 105,000 hommes, et que celle-ci doive en entretenir un de 500,000, et dépenser un million par jour pour son armée ?

Le *Moniteur de l'Armée* ajoute :

« Pour avoir en France une armée d'engagés volontaires, même réduite au chiffre de 105,000 hommes, il faudrait rétablir le *raccolage*, qui n'est plus possible, et une discipline dont le souvenir révolte nos idées. La Restauration avait aboli la *conscription* ; elle voulut avoir des régimens d'engagés volontaires ; il ne s'en présenta que pour les gardes du corps et les mousquetaires. »

Je réponds :

Lisez donc le rapport du lieutenant-général vicomte de Préval, fait à la chambre des pairs au nom d'une commission spéciale (1) chargée

---

(1) Cette commission était composée de MM. le comte Portalis, le baron Feutrier, le marquis de

de l'examen du projet de loi contenant des modifications à la loi du 21 mars 1832 sur le recrutement de l'armée, et vous y trouverez ce démenti qui vous est donné en ces termes : « Le nombre des remplaçans augmente dans » une proportion toujours croissante. Plus de » CENT MILLE se trouvent dans les rangs de » l'armée, et chaque année ils composent UN » QUART (1) environ du contingent. *Un grand* » *nombre accomplissent honorablement leurs* » *devoirs*, obtiennent de l'avancement, *arri-* » *vent aux grades élevés*, et font oublier qu'un » contrat vénal les a appelés sous les dra- » peaux. »

Dans ce fait incontestable, incontesté et si éloquent des progrès continus du remplacement, que faut-il voir, si ce n'est le *raccol ge* se faisant de lui-même et sans effort, si ce n'est, de la part de l'armée, une tendance naturelle et invincible à se transformer, à se don-

---

Laplace, le maréchal comte Valée, le vicomte de Préval, le baron Neigre, le vicomte de Caux.

(2) La moyennne actuelle des remplaçans est de 19,544.

ner une constitution nouvelle en rapport avec l'esprit nouveau des sociétés?

Le remplacement, comme l'a dit M. le maréchal Soult, est-il « *un mal réel pour l'état » militaire, un malheur pour l'armée fran- » çaise, une plaie d'une profondeur immense?* » A cette grave accusation du ministre de la guerre, je me borne à opposer ces paroles du rapporteur de la loi de 1843, d'un ancien garde-des-sceaux, ministre de la justice, de M. Vivien, au nom d'une commission composée de MM. le général Jamin, le marquis de Mornay, le général Dulimbert, le général Bonnemains, le général Girod (de l'Ain), le colonel Schauenburg, le contre-amiral Hernoux et le général Meynadier :

« Le remplacement est consacré par une » longue habitude; quelques esprits, plus dog- » matiques qu'initiés aux nécessités de notre » ordre social, le condamnent comme une at- » teinte à l'égalité, comme un privilége accordé » à l'opulence au détriment des classes labo- » rieuses. L'état de nos mœurs et l'intérêt du » pays protestent contre ces attaques. Dans une » société, livrée aux soins de l'industrie, où les

» propriétés sont divisées et les fortunes mé-
» diocres, où chacun doit, par un labeur sans
» relâche, un zèle infatigable et des veilles
» incessantes, préparer son état et se faire à
» soi-même sa place dans le monde, impo-
» ser indistinctement à tous l'obligation de
» passer dans une caserne plusieurs années, les
» plus fécondes de la vie, ce serait causer au
» plus grand nombre un irréparable dommage
» et leur fermer la carrière, objet des veilles
» de leur jeunesse entière et espoir de leur a-
» venir. Aucun des intérêts généraux de la so-
» ciété n'y trouverait profit : les progrès des
» arts, de la science, de l'industrie, seraient
» arrêtés par cette loi aveugle. Les conséquen-
» ces n'en pourraient être, sinon évitées, du
» moins atténuées, que par une abréviation
» notable de la durée du service, comme en
» Prusse; mais alors, à moins d'imiter les in-
» stitutions militaires de cette nation, institu-
» tions si peu conformes à nos mœurs, le pays
» ne posséderait plus une armée véritable,
» exercée, aguerrie, et les nécessités de la dé-
» fense se trouveraient sacrifiées à une vaine
» théorie. Le remplacement est-il donc oné-
» reux aux classes laborieuses ? Les plaintes

» qui se font entendre partent-elles de leur
» sein ? Se féliciteraient-elles de son interdic-
» tion ? Chaque année il verse plus de trente
» millions dans les familles les moins aisées.
» Il appelle sous les drapeaux et soumet à u-
» ne discipline nécessaire des hommes que ce
» joug assouplit et façonne. Il substitue en eux
» l'amour de l'ordre à l'esprit d'insubordina-
» tion, l'instruction à l'ignorance, la politesse
» à la grossièreté. Leur cause-t-il des maux
» qui puissent être mis en balance avec ces
» avantages ? »

Aux paroles que je viens de citer, je peux encore ajouter celles-ci d'un ancien ministre de la guerre.

« Que l'on cesse de s'effrayer du grand nom-
» bre de remplaçans qui figurent dans nos
» rangs ; que l'on ne craigne point que leur
» présence puisse altérer la nationalité de no-
» tre armée ; *nous pouvons l'affirmer sans*
» *crainte d'être démentis par aucun chef de*
» *corps, les remplaçans sont d'aussi bons Fran-*
» *çais et d'aussi bons soldats que les autres ;* ils
» l'ont prouvé dans nos dernières guerres ; ils
» le prouvent tous les jours en Afrique. »

Quoi qu'il en soit, le remplacement existe, et il existe si bien que M. le maréchal Soult, président du conseil et ministre de la guerre, auteur de plusieurs projets de loi relatifs au recrutement de l'armée, dans aucun de ses nombreux projets n'a osé proposer de l'interdire, bien que dans l'un de ses exposés des motifs, celui de 1843, il en ait constaté en ces termes les rapides progrès :

« En 1806, sur un effectif de plus de 500,000 » hommes, il n'y avait pas *un huitième* de » remplaçans.

» En 1826, cette proportion était d'*un cin-* » *quième.*

» En 1835, *presque d'un quart.*

» En 1842, sur un effectif de 337,000 hom- » mes, il y avait *plus du quart* de soldats » remplaçans. »

Quels immenses avantages sont donc offerts aux remplaçans, pour que leur nombre tende constamment ainsi à s'accroître ? — Des pensions sur l'Etat, des emplois civils leur sont-ils garantis à l'époque de leur libération ? — Non. Le prix d'un remplaçant, pour l'infanterie, varie, selon les circonstances, de 1,800 fr. à 2,000 fr., et de 2,000 à 2,400 fr. pour la cavalerie, l'artillerie et les armes spéciales. C'est donc pour une faible somme de 2,000 francs, en moyenne, que 15,000 remplaçans consentent annuellement à aliéner leur liberté. Quand il en est ainsi, à moins de fermer les yeux à l'évidence et de nier à midi la clarté du jour, qui pourrait prétendre que s'il se trouve chaque année à de telles conditions 15,000 remplaçans, il ne se trouverait pas facilement le double, le triple, le quintuple d'engagés si l'armée était constituée de telle sorte que des engagés volontaires de seize ou de dix-huit ans, après vingt-cinq années de services, à quarante-et-un ou quarante-trois ans, conséquemment encore dans la force de l'âge, et en état de contracter avantageusement mariage, n'eussent qu'à choisir entre une pension fixée à l'avance par la loi, ou un emploi désigné parmi un certain nombre de fonctions réservées? Mais si nos idées étaient admises, et elles le seront certainement un jour, car elles ont avec elles la force des choses, en supposant que l'effectif soldé de la France fût réduit au 200e de la population, soit

180,000 hommes (1), ce qui équivaudrait encore au double de celui de l'Angleterre, la durée de l'enrôlement étant de trente années, divisée en six termes successifs de chacun cinq ans, et non pas *à vie* comme dans la Grande-Bretagne, le roulement établi, que faudrait-il chaque année, pour l'entretenir, d'enrôlemens volontaires? 8,000, c'est-à-dire la moitié du nombre fourni actuellement par les remplaçans, en tenant compte des vides faits par la mortalité. Quelle armée d'élite que celle qui serait constituée sur de telles bases!

Tel qu'il existe, le remplacement est une transaction entre l'erreur ou le système des appels que vous soutenez, et la vérité, ou le système des engagemens volontaires que nous proposons. C'est un point de départ qui indique le but vers lequel il faut se diriger.

Vous êtes d'avis, avec un ancien ministre de la guerre, que le remplacement est un « *mal*

---

(1) L'Assemblée constituante, je ne me lasserai pas de le rappeler, avait fixé l'effectif de l'armée à 150,000 hommes. Sous la République, en l'an VI, la dépense du budget de la guerre ne figure que pour 95 millions.

réel, un malheur pour l'armée française, une plaie d'une profondeur immense, » et vous le laissez subsister ; je suis d'avis, avec un ancien ministre de la justice, qu'interdire le remplacement « *ce serait causer au plus grand nombre un irréparable dommage,* » et cependant c'est moi qui propose de l'abolir, non, il est vrai, par une mesure qui ferait violence à « *l'état de nos mœurs, à l'intérêt du pays,* » mais en substituant aux *engagemens à prix d'argent*, contractés au moyen de l'intervention des compagnies de remplacemens, les *engagemens volontaires* honorablement rémunérés et suffisamment encouragés. Toute la question est là : rémunérer, encourager ces engagemens dans la mesure nécessaire pour qu'ils ne fassent pas défaut. En tout cas, la ressource des appels resterait toujours, comme dans le système de la loi de 1818.

Non, de ma part, il ne s'agit pas de rétablir le *raccolage*, comme vous voudriez le faire croire, il s'agit de donner à l'armée une constitution qui fasse de la carrière des armes une véritable et honorable profession. Est-ce là ce que tenta la Restauration, dont vous invoquez à tort le souvenir ? De votre propre aveu, elle n'eut qu'un but, et elle l'atteignit : ce fut de créer des régimens privilégiés. Or, ce n'est pas là ce que je propose.

Quant à cette objection tirée de la nécessité et de l'impossibilité tout à la fois de rétablir, comme conséquence du système des engagemens volontaires, une *discipline dont le souvenir révolte nos idées*, la preuve que cette objection n'est pas sérieuse, c'est qu'il n'y a pas dans l'armée française deux disciplines : l'une à l'usage des *appelés*, l'autre à l'usage des *remplaçans;* c'est qu'il n'y a pas deux catégories de soldats, l'une soumise au châtiment du fouet, l'autre privilégiée, n'ayant pas à craindre la peine de la flagellation. En Russie, est-ce que le service n'y est pas obligatoire, et cela empêche-t-il le knout d'y être en vigueur? Or, de ce que la peine du knout est en usage dans l'armée russe, que penserait le *Moniteur de l'Armée*, si j'en faisais, à mon tour, une objection contre le service obligatoire ? Voilà cependant à quelles misérables représailles on s'expose quand on est si peu sûr de la bonté de sa cause, qu'on ne se montre pas plus scrupuleux sur l'emploi des argumens destinés à la défendre.

Le *Moniteur de l'Armée* croit avoir trouvé un argument victorieux dans le chiffre des engagemens volontaires qui, d'après le dernier compte rendu au roi par le département de la guerre, n'a été, en 1844, que de 5,855 soldats, dont il y aurait moitié à déduire, parce qu'ils se seraient engagés bien moins par vocation que pour devancer les appels de la classe. Cet argument se perd dans le vide, car il est emprunté à un ordre de choses que je suis loin de soutenir, puisque je propose de le changer. Si j'étais étonné d'une chose, ce serait plutôt que l'armée étant ce qu'elle est, le nombre des engagemens volontaires soit encore aussi considérable.

A l'occasion de ces engagemens, le *Moniteur de l'Armée* cite le dernier rapport officiel sur l'administration de la justice militaire qui établit qu'il y a eu en 1843 :

Parmi les *appelés* 1 prévenu sur 103, et 1 condamné sur 148;

Parmi les *remplaçans* 1 prévenu sur 51, et 1 condamné sur 68;

Parmi les *engagés* 1 prévenu sur 27, et 1 condamné sur 35.

Quiconque, doué de quelque sagacité et de quelque élévation dans l'esprit, a fait de la statistique une étude un peu approfondie, sait quel degré de confiance il est prudent de lui accorder (1). Pour une fois qu'elle vous guide

(1) La science statistique qu'on applique à tout aujourd'hui, et qui n'est point exempte d'erreurs pour les appréciations morales, a étalé sous vos yeux des chiffres affligeans pour la moralité des remplaçans; elle additionne les méfaits de quelques uns; mais la statistique n'a pas de colonne pour le dévoûment de la famille, pour l'abnégation de soi-même; les tableaux de la statistique ne savent point enregistrer et n'admettent point en ligne de compte toutes ces misères poignantes qui font qu'un fils vend son corps pour en nourrir des parens infirmes,

Cessons donc d'attribuer à tous les remplaçans les torts de quelques uns....

Je l'affirme devant vous, il n'y a rien d'habi-

sûrement, elle vous égare mille fois. Que prouvent les chiffres mis en avant par le *Moniteur de l'Armée*, et que je viens de reproduire ? Ils prouvent seulement que l'état militaire, à peu d'exceptions près, n'est pour ceux qui s'engagent qu'un refuge, un expédient, une ressource extrême, dans un temps où l'accès de toutes les professions est si obstrué, si difficile ! En général, on ne s'engage plus parce qu'on a pour l'état militaire une vocation prononcée, parce qu'on y voit devant soi une carrière honorable et sûre ; on s'engage parce qu'on ne sait que faire, parce qu'on désespère de soi-même, parce qu'on ne se sent propre à rien qu'à mener la vie de garnison, vie qui n'exige aucun effort d'intelligence, et qui laisse au désœuvrement une large part. S'étonner, après cela, qu'il y ait plus de prévenus et de condamnés parmi les

---

tuel ni de permanent dans ce que les mœurs des remplaçans ont de pernicieux et de blâmable ; le plus ordinairement, leur inconduite dure tout juste autant que leur argent....

(*Chambre des pairs.— Séance du* 8 *juin* 1844.

appelés que parmi les *engagés*, c'est prouver seulement qu'on ignore le chemin par lequel on remonte des effets aux causes, et que la même chose n'est pas de savoir aligner des chiffres et de savoir les interroger.

Dans aucune des parties de sa discussion le ***Moniteur de l'Armée*** ne se montre plus fort. Si l'indépendance de la France ne devait pas être mieux défendue par nos soldats que ne l'est par lui la constitution de nos armées de terre, il faudrait trembler pour la sécurité de notre territoire.

J'avais posé à la feuille officielle qui avait ironiquemement menacé la France d'une déclaration de guerre de la couronne de Monaco, en cas de réduction de notre effectif, les questions suivantes :

« Est-ce que sérieusement l'on peut dire que la Grande-Bretagne, qui n'a qu'une armée soldée extrêmement faible et peu coûteuse, uniquement recrutée par des enrôlemens volontaires, est impuissante à défendre son indépendance au dehors, *l'ordre et la paix dans l'intérieur ?* »

Voici sa réponse :

« Vous pensez que ce qui suffit à l'Angleterre pour défendre chez elle l'ordre et les lois suffirait aussi à la France. Cette opinion est contraire, vous le savez bien, à toutes les notions acquises sur les mœurs publiques et sur les instincts politiques des deux peuples. Il suffit de la présence de quelques constables pour dissiper les immenses meetings dont vous parlez. Un rassemblement de cent mille hommes, à Petersfield, ne produisit qu'une crise commerciale ; oseriez-vous dire qu'il n'eût pas été en France un danger public ? »

Le *Moniteur de l'Armée*, en vérité, serait un compère, au lieu d'être un contradicteur, dans cette discussion, qu'il ne me ferait pas plus beau jeu. Pourquoi suffit-il, en Angleterre, de la présence de quelques constables pour empêcher ces immenses meetings de dégénérer en dangereuses émeutes ? — C'est qu'en Angleterre, ainsi que j'ai eu soin de le dire et de le constater, on se garde bien d'exercer la population des champs et des fabriques au maniement des armes, de l'aguerrir, de lui apprendre à mépriser le péril et à braver la mort. Importez en Angleterre notre loi de recrutement, faites l'y fonctionner pendant vingt années, et vous verrez ensuite quel rôle y joueront les constables, quelle crainte, quel respect ils inspireront aux ouvriers affamés, aux Irlandais opprimés! Et puis, il faut tout dire, en Angleterre, la loi a un caractère tutélaire qu'elle n'a pas en France; en Angleterre, la loi protége; en France, elle menace; aussi, en Angleterre, l'aime-t-on et la respecte-t-on; en France, on la hait et on la craint.

Mais, où le *Moniteur de l'Armée* est dans son rôle c'est quand il dit que la France est moins une puissance maritime qu'une puissance continentale. Comme de cette déclaration il résulte que nous sommes placés à deux points de vue absolument opposés, il est tout simple que celui des deux qui a les yeux tournés vers le passé ne voie pas l'avenir. Or, je l'avoue, c'est du côté de l'avenir que se portent irrésistiblement mes regards; et quelque grave que soit l'acte par lequel trois puissances viennent d'enlever à Cracovie l'indépendance qui lui était garantie par des traités, cet acte ne change rien à mon opinion sur le rôle futur auquel la France est appelée.

Il faut que la France choisisse entre une armée redoutable et une marine redoutée. Elle ne peut avoir à la fois l'une et l'autre, elle ne peut sans danger prétendre être en même temps puissance continentale et puissance maritime de premier ordre.

LES RISQUES DE GUERRE.

27 octobre 1847.

Sur quelles probabilités la politique de la France est-elle assise? C'est ce qu'il serait impossible de démêler et de dire.

Quel but se propose-t-elle ?

En vue de quels événemens se tient-elle prête ?

Quels sont ses alliés ? Quels sont ses rivaux ? Quels sont ses ennemis ?

Quels sont les dangers qui lui paraissen imminens ou lointains ?

Est-ce la guerre ?

Quelle guerre? Générale ou partielle? Sur terre ou sur mer?

Est-ce une révolution?

Quelle révolution? Politique ou sociale? Par ou contre les classes moyennes?

Entre plusieurs risques, il faut choisir le moins éloigné et le plus à craindre; c'est le meilleur moyen de le conjurer, car le pays qui nourrit la prétention de se mettre à l'abri de toutes les éventualités s'affaiblit en vains efforts, s'épuise en ruineux sacrifices, et ne réussit à se mettre à l'abri d'aucune. Ce n'est pas de la prudence, c'est de la présomption. Diviser ses forces, c'est multiplier les périls.

Quel est donc, pour la France, le risque le moins éloigné et le plus à craindre? Est-ce une guerre partielle sur terre?—Non, avec la solidarité que les traités de 1815 et trente-trois années de paix ont établie et resserrée, solidarité qui lie étroitement tous les Etats de l'Europe entre eux, toute guerre partielle est devenue improbable et impossible. Une guerre isolée, soit entre la France et la Prusse, soit entre la France et l'Autriche, soit entre la

France et la Russie, ne saurait se concevoir, encore moins s'expliquer. Toute guerre partielle sur terre étant impossible, une guerre générale sur terre est-elle moins improbable? Pourquoi une guerre générale éclaterait-elle? De toutes parts, les esprits tendent plus que jamais à repousser l'idée de guerre; maintenant, les nations ne cherchent plus leur grandeur dans l'extension de leur territoire, elles la cherchent dans l'accroissement de leur richesse, dans l'affermissement de leur crédit, dans le perfectionnement de leurs voies de communication et de transport, dans le progrès de leur agriculture et de leur industrie, dans la conclusion de traités de commerce avantageux. Les questions de frontières ont fait place aux questions de tarifs, et avec raison. Que signifieraient à présent toutes ces anciennes questions de *frontières naturelles* tant controversées, pour lesquelles il s'est ouvert tant de négociations, livré tant de batailles, versé tant de sang, exposé tant de nationalités? Fleuves, océans, montagnes, ont cessé d'être des frontières inaccessibles, depuis que la navigation à vapeur permet de débarquer des troupes sur toutes les rives, sur toutes les côtes ; depuis qu'on a vu les chemins de fer perforer les montagnes et les convertir en souterrains. Telle est l'impulsion des idées et des intérêts qui pousse peuples et gouvernemens dans cette voie nouvelle, que j'ai appelée l'*unité du rail*, telle est la force de cette impulsion, que les hommes qu'on eût fait servir à une autre époque à se disputer les rives du Rhin, on les emploiera un jour peut-être à creuser sous le lit de ce fleuve un tunnel pareil à celui que Brunnel a creusé sous le lit de la Tamise. Il faut aux grands peuples de grandes tâches ; ils ont besoin de s'illustrer. Durant des siècles, ce besoin n'a pu se satisfaire que par la guerre, les victoires et les conquêtes ; mais les peuples commencent à voir ailleurs la grandeur et la gloire. A l'aide de la Vapeur et de l'Électricité, changer les lois de l'espace et du temps, ici en passant sous les fleuves ou traversant les montagnes pour mettre en communication deux embarcadères, là en perçant des isthmes pour unir par un canal deux mers séparées, l'Atlantique à l'Océan-Pacifique, ou la mer Rouge à la Méditerranée, et abréger ainsi la navigation du monde ; ailleurs en donnant à toutes les villes d'un royaume le moyen de correspondre entre elles en quelques minutes; partout, enfin, aplanir les obstacles, défis jetés par la nature au génie de l'homme, voilà le but vers lequel se tournent les regards de l'Europe tout entière.

Où donc règne le souverain dont l'ambition surannée menace de rallumer la guerre? Qu'est-ce que gagnerait la Russie à prendre un autre chemin que celui qui doit la conduire un jour à Constantinople? Elle sait que le plus long pour elle sera le plus sûr, et que ce n'est pas par la guerre qu'elle arrivera au but marqué à son ambition. Elle n'ignore pas qu'en soulevant contre elle toutes les nationalités menacées, elle les jetterait éperdues dans les bras de la France. Ce serait insensé.

Qu'est-ce que la France, à son tour, aurait à gagner à déchirer des traités prescrits par trente années de paix? Dût-elle y gagner la rive gauche du Rhin, qu'il est douteux qu'elle eût à s'en applaudir, car une telle conquête n'aurait pas lieu sans resserrer étroitement de nouveau, entre peuples et gouvernemens, le lien qu'a détendu l'esprit de liberté succédant à l'esprit de nationalité. Le sol ne manque pas à la France, car à quelques jours de Paris, à quelques heures de Marseille, elle a tout un vaste territoire à peupler ; elle a toute l'Algérie à coloniser. Une guerre générale ne saurait donc être mise au rang des probabilités. La France égarée est le seul État qui pourrait la faire naître par une agression injuste ; la France pacifique n'en a aucune à craindre, car il n'est pas un gouvernement qui fût assez sûr de son peuple pour la tenter.

Aucune guerre partielle n'étant possible, aucune guerre générale n'étant probable, pourquoi donc la France, qui a déjà à porter le lourd fardeau d'une dette s'élevant à plus de six milliards en capital, et à plus de 300 millions en arrérages, s'impose-t-elle encore le poids d'un effectif militaire qui absorbe le quart d'un budget de quinze cents millions? N'est-ce pas là une grave inconséquence, un ruineux contresens? La France en est-elle plus forte, plus respectée? Non ; car le pied de paix et le pied de guerre de chaque État se règlent sur le pied de paix et le pied de guerre de ses voisins et de ses rivaux. C'est ce que Montesquieu a parfaitement expliqué, chapitre XVII de l'*Esprit des Lois*, intitulé : *De l'Augmentation des troupes.*

Mais si la France n'a à craindre sur terre aucune guerre ni partielle ni générale, en est-il ainsi d'une guerre sur mer? Là, au contraire, les risques ne sont-ils pas aussi multipliés, aussi probables que sur terre ils le sont peu? Pour qu'une guerre éclate sur terre, il faut qu'un gouvernement l'ait préméditée et fermement résolue; il faut mettre en campagne une armée; il faut l'approvisionner; il faut lever des subsides; il faut franchir la frontière; il faut souvent traverser des territoires ou neutres ou amis; il faut fermer l'oreille à toutes les représentations et réclamations des cabinets, etc., etc. Pour qu'une guerre éclate sur mer, il suffit de la rencontre, dans des parages éloignés, de deux pavillons rivaux, l'un insulté par l'autre, et d'un refus hautain de réparation légitime. Qui, dans les circonstances présentes, oserait affirmer que si une telle rencontre avait lieu, et que la France ait à réclamer de l'Angleterre une juste satisfaction, cette juste satisfaction nous serait accordée par le cabinet dans lequel siége lord Palmerston en qualité de ministre secrétaire-d'état des affaires étrangères? Eh bien! si cette hypothèse, qui est loin d'être invraisemblable, se convertissait en réalité, quelle serait, vis à vis du Royaume-Uni, la situation de la France? quel parti prendrait-elle? Se résignerait-elle à l'humiliation d'un outrage impuni? Entreprendrait-elle de le venger? Se laisserait-elle arrêter par l'inégalité de la lutte? Préférerait-elle enfin le péril à l'abaissement aux yeux de l'Europe, ou l'abaissement au péril? Le patriotisme, nous l'avons vu sous la République et sous l'Empire, peut, jusqu'à un certain point, improviser des armées, de recrues faire des héros, défier tous les dangers, briser tous les obstacles; mais le patriotisme ne saurait improviser une flotte. Il faut des années pour construire un vaisseau; il en faut plus encore pour former des matelots. C'est là une vérité incontestable et incontestée. Cependant, que fait la France? Elle consacre à l'entretien de son armée de terre trois fois plus d'argent qu'elle n'en affecte à l'entretien de sa marine, c'est-à-dire que placée entre deux risques, l'un improbable, l'autre constamment suspendu au-dessus de sa tête, elle fait surtout porter ses efforts du côté où nul ne songe à l'attaquer, tandis que le point par lequel elle est vulnérable, et qui devrait être le principal objet de ses sacrifices, est celui qui n'attire son attention que secondairement et par boutades, sans suite et sans système. L'argent que la France dépense pour sa marine est de l'argent dépensé en pure perte, de l'argent jeté au fond de l'Océan; c'est à la fois trop et trop peu: trop peu pour tenir en respect l'arrogance britannique, trop pour protéger notre pauvre marine marchande errante çà et là. Telle qu'elle existe, notre marine militaire, il faut qu'on le sache bien, est une vanité, non une force, et moins une nécessité qu'un luxe; plutôt que d'éloigner le péril, elle l'attire; en ce sens que, trop faibles pour combattre, nous sommes cependant trop forts pour ne pas essayer de résister. Qu'un incident surgisse, qu'une collision éclate entre les deux pays rivaux, et nous porterons au compte des événemens ce qui devrait retomber tout entier à la charge de notre imprévoyance. Qui, de bonne foi, oserait soutenir que le traité du 15 juillet 1840 se fût signé si l'organisation de nos for-

ces et l'emploi de nos ressources n'eussent pas toujours été réglés en dehors de toute prévoyance et des probabilités les plus manifestes ? Le rappel de notre escadre, commandée par l'amiral Lalande, qui aurait dû se graver dans notre mémoire comme un enseignement, a glissé comme un fait déjà oublié. Nous demeurons livrés à l'imprévu, et la première complication grave, cette fois encore, nous prendra au dépourvu. Un ancien ministre de la marine, M. le baron Portal, a déposé dans ses mémoires cet avertissement et cette recommandation : « *La possi-*
» *bilité d'une rupture avec l'Angleterre* est la
» pensée qui doit éclairer et animer tous les
» calculs et tous les actes du département de
» la marine. Nous pouvons être obligés de
» soutenir cette guerre corps à corps.... » Si cette possibilité, le seul grave danger extérieur que nous ayons à prévoir et à craindre, se traduisait en fait, dans quelle situation offensive ou défensive cette éventualité réalisée nous placerait-elle ?

Si l'Angleterre et les Etats-Unis, ces deux émules, ont laissé en arrière la France, qui n'aurait jamais dû cesser de les devancer, le fait s'explique par les milliards que nous avons consacrés en pure perte à l'entretien de nos armées de terre, au lieu de les employer fructueusement en travaux publics, qui eussent donné à notre agriculture, à nos mines, à notre industrie, à notre commerce, un essor, tel qu'en 1847 nous ne serions pas contraints de les *abriter* encore sous la protection excessive d'humilians tarifs. Un commerce actif et prospère nous eût doté d'une marine marchande nombreuse, base nécessaire de toute marine militaire puissante.

En 1817, M. Paixhans, alors chef de bataillon d'artillerie, aujourd'hui général et député, l'un des membres les plus dévoués du parti conservateur, écrivait (1) : « Si, » afin d'être fort, on entretient pendant la paix » assez de soldats exercés pour être en état de » faire la guerre, on ruine ses finances et on » détruit les premiers élémens de la force. »

---

(1) *Observations sur la loi de recrutement et d'avancement de l'armée française.*

C'est, en effet, ce qui a eu lieu. A cette cause surtout doivent être attribuées notre faiblesse relative, notre infériorité agricole, industrielle, commerciale et maritime. Il importe qu'on le sache bien.

Mais, dit-on, si la France s'impose la charge d'une armée si coûteuse, c'est moins en vue des dangers d'une guerre dont l'improbabilité n'est pas sérieusement contestée, qu'afin de mettre l'ordre à l'abri de toute tentative qui pourrait le troubler. Le maintien de l'ordre ne se paye jamais trop cher.

Est-ce qu'en Angleterre et aux Etats-Unis, où les troupes soldées sont si loin d'imposer la même charge, l'ordre est ou moins utile ou plus facile à conserver ?

Croire qu'une armée nombreuse, qui se recrute en appelant sous les drapeaux et libérant du service chaque année 80,000 hommes, est une garantie d'ordre si solide qu'elle suffit à dispenser un gouvernement de vigilance, d'activité, d'habileté, de prévoyance, de patriotisme et de grandeur; c'est là une des plus dangereuses illusions dans lesquelles puisse tomber une société où la liberté de la presse existe, où la garde nationale a dans les mains un million de fusils. Que fait une pareille loi de recrutement, dont la base est une durée de service de sept années?—Elle convertit en soldats, tous les sept ans, 560,000 recrues. Si l'on multiplie par 3 ce nombre de 560,000 recrues, on aura 1,680,000 citoyens âgés de 41 ans ayant été instruits au maniement des armes, exercés à la défense et à l'attaque, accoutumés à braver le péril et la mort. Aguerrir ainsi l'ouvrier, sans distinction de celui qui est communiste et de celui qui ne l'est pas, sans rechercher les moyens de lui donner du pain le jour où une crise prolongée le priverait de travail, voilà ce que fait la loi de recrutement, dans laquelle notre gouvernement puise la confiance qui le rend si dédaigneux de toute initiative et de tout progrès.

Où il voit un motif de sécurité, un droit de s'endormir, se découvre un motif de crainte, un devoir de veiller, un devoir de ne rien négliger qui ait pour effet de donner aux classes laborieuses la conviction profonde qu'elles sont le constant objet de toute la sollicitude du pouvoir, et qu'à un changement de gouvernement elles auraient tout à perdre, rien à gagner.

S'il est un danger sérieux que la prévoyance doive ranger au nombre des probabilités menaçantes, précisément afin de l'écarter, assurément c'est celui qui vient d'être signalé. Eh bien! en vue de l'éloignement de cette éventualité, qu'a-t-on fait, que fait-on? — Rien, rien, rien. Que de grandes et de bonnes choses cependant il y aurait, les unes, à concevoir et à réaliser, les autres, à encourager et à généraliser!

Une lutte maritime, une crise sociale ; tels sont les deux écueils que j'aperçois à l'horizon à travers la brume qui le voile, écueils vers lesquels la France peut-être irrésistiblement entraînée par un seul et même courant: Excès de la production sur la consommation, encombrement des ateliers et des marchés, difficulté de s'ouvrir de nouveaux débouchés, rivalité industrielle de l'Angleterre.

On ne saurait jamais se préparer de trop

loin aux événemens. Plus la distance est grande entr'eux et la prévoyance, et plus est facile à gravir la pente par laquelle on s'élève à la hauteur d'où il est possible de les dominer.

PREVISIONS VÉRIFIÉES.

5 avril 1848.

Mes premiers mots, après la révolution du 24 février, avaient été ceux-ci :

« Le danger de la situation n'est pas dans la rupture de la Paix.

» Il est dans la perturbation de l'Ordre.

» L'ennemi qui nous menace, l'ennemi qui est à nos portes, ce n'est pas le Despotisme armant en guerre, ce n'est pas l'Autriche, la Prusse, la Russie, etc., c'est le Crédit battant en retraite, c'est la maison Gouin et Ce suspendant ses paiemens, ce sont toutes les autres maisons de banque ébranlées !

» Le Crédit, c'est la clé de voûte du Travail; le Travail, c'est l'arc-boutant de l'Ordre.

» Contre une agression de l'étranger qui viendrait menacer la République française, nous avons quinze cent mille Français âgés de quarante ans que la loi de recrutement a formés au maniement des armes; nous avons toutes les forces vives d'une nation de trente-cinq millions d'habitans menacée dans l'indépendance de son territoire; nous avons les sympathies de tous les peuples avides de liberté, d'égalité, de fraternité! Rayons donc l'Europe de la carte de nos préoccupations. Effaçons du dictionnaire français le mot *Guerre*, remplaçons-le par celui de ***République***. La République française, voulant la paix, est plus forte que toutes les Monarchies européennes voulant la guerre. Disons-nous cela, et persuadons-nous le bien, car c'est cette conviction qui nous sauvera.

» Mais, contre l'interruption du travail causée par la suspension des paiemens, la restriction des crédits, le retrait des commandes, la rareté de la vente, aggravée encore par l'augmentation des salaires et la diminution de la durée de la journée de travail, contre un tel état de choses si grave, qui expose le gouvernement à se trouver en présence d'une multitude d'ouvriers sans ouvrage, de fabricans ruinés, de banquiers éperdus, quelles armes, quelles garanties, quelles ressources avons-nous ?— Nous avons les excellentes intentions d'un gouvernement improvisé, et conséquemment inexpérimenté ; les théories d'écrivains conçues en dehors de toute pratique et contredites par les faits ; le zèle enfin d'une garde nationale épuisée par les vieilles et la fatigue, détournée du soin de ses affaires quand ses affaires réclameraient tous ses soins. Nous ne parlons plus de l'armée ; désormais, il ne faut pas songer à l'employer ailleurs qu'à la défense de nos frontières, si nos frontières étaient attaquées. Insensés seraient ceux qui songeraient désormais à répondre par la mitraille et les balles à l'ouvrier qui ferait entendre ce cri : Du travail ou du pain ; vivre en travaillant ou mourir en combattant !

» L'armée n'a pas été *vaincue*, le 24 février, comme armée ; elle a été *condamnée*, comme institution. »

Ces derniers mots, il y a un mois, paraissaient téméraires, aujourd'hui la justesse n'en est plus contestée; le *National* lui-même, qui a toujours eu des inclinations militaires très marquées, ne cache plus l'inquiétude que lui causent les progrès que font, dans l'armée, la désorganisation et l'esprit d'indiscipline. Il exprime les regrets que M. le général Cavaignac n'ait point accepté le ministère de la guerre; il insiste sur « la nécessité de trouver, soit un » général jeune, actif, résolu, pénétré de la » nécessité d'une réforme radicale et imbu » d'idées nouvelles, soit un homme politique » dont l'autorité, le caractère, l'expérience et » les antécédens inspirent confiance à l'armée » et au pays. »

Vains regrets ! vain espoir ! Il est fort à craindre que le *National* ne trouve ni le général ni l'homme politique qu'il appelle. Ce n'est pas en niant la force des choses qu'on la maîtrise, c'est en la reconnaissant. On dirige le cours d'un fleuve, on ne l'arrête pas. Loin de modérer celui dont le courant nous emporte, tout ce qu'on fait, en ce moment suprême, n'aboutit qu'à le précipiter.

Le 27 février je disais : « L'Europe nous regarde étonnée, émue, inquiète, aujourd'hui effrayée, demain menaçante : c'est par l'admiration qu'il faut la vaincre. La poudre à canon est un vieux procédé qu'il faut reléguer parmi les vieilles traditions. Ne songeons qu'à nous faire admirer, et nous aurons bientôt triomphé sans avoir combattu. »

Et je demandais qu'on désarmât la paix, qu'on réduisît considérablement la dépense de l'armée au profit du crédit et du travail, que du service militaire obligé on fît une carrière libre comme toutes les autres carrières.

J'avais tort, disait-on !

Eh bien ! voilà déjà que mes contradicteurs en sont arrivés à ne plus apercevoir de remède à l'indiscipline que dans la guerre.

Guerre et Liberté sont des mots aussi opposés l'un à l'autre que Mort et Vie !

Nous avions sous les yeux un livre vivant : la République des Etats-Unis ; nous avons préféré le fermer pour ouvrir un livre mort : l'Histoire de la Révolution française ! Entre le

Passé et l'Atlantique, le Plagiat et le Progrès, nous avons choisi le Plagiat et le Passé !

Le livre vivant de la République des Etats-Unis nous enseignait que dans les pays où coule à flots la démocratie, où règne sans frein la liberté, — liberté de la pensée, de la discussion et de la presse,—où la lutte est dans les idées, il ne fallait pas armer les mains !

Là où les journaux peuvent tout dire, les tambours doivent être muets ; là où les chemins de fer tendent à sillonner le sol en tous sens, la fonte et le fer le plus mal employés sont ceux qui servent à fabriquer des canons, des fusils, des sabres ; là où le crédit est au travail ce que la semence est au sillon, l'argent consacré à l'entretien d'immenses armées permanentes est l'appauvrissement qui conduit un pays à la banqueroute ; là, enfin, où l'épée nue est au sceptre brisé ce qu'est l'ancre tutélaire au vaisseau emporté par la vague, la liberté n'est qu'un trait d'union entre deux despotismes.

Au lieu de rendre plus rare la vue des fusils et des sabres, que fait-on ? On en augmente le nombre, on met entre toutes les mains des armes ; on éveille ainsi les idées de combat qu'il faudrait éloigner, on éloigne les idées de pacification qu'il faudrait éveiller.

Est-ce qu'aux Etats-Unis et en Angleterre, ces deux berceaux de la liberté de la presse, on consacre trois cent soixante millions par an à l'entretien d'une armée, on dérobe au travail, à l'industrie, au commerce, un temps précieux dépensé, par le citoyen paisible, en gardes et en patrouilles ? Non ; la liberté de la presse est une sentinelle qui suffit à tout.

La garde nationale est le contrepoids nécessaire de l'armée ; là où l'armée est forte, la garde nationale doit être nombreuse ; armée et garde nationale sont des anachronismes dans un régime de liberté. Puisse-t-on ne pas le comprendre trop tard, quand on aura achevé de ruiner nos finances, quand la société se sera écroulée sur elle-même !

Pourquoi la confiance et le crédit ont-ils disparu loin de nous ? C'est qu'ils n'ont vu aucune économie s'accomplir, tandis que s'augmentaient les dépenses et s'affaiblissaient les revenus.

On croit qu'on arrêtera la désorganisation qui s'est jetée dans les rangs de l'armée, on s'abuse! Ce n'est pas l'armée qui se désorganise, c'est la société qui se renouvelle; c'est l'arbre de la liberté qui secoue ses feuilles d'automne en attendant que verdissent les feuilles du printemps; c'est la dernière semence électorale qui déjà commence à germer. Ne s'attendait-on donc pas à récolter ce qu'on a semé?

LA LIBERTÉ DE LA PRESSE ET L'EXAGÉRATION DES ARMÉES.

8 avril 1848.

Le plus grave danger de la situation, c'est qu'on veut faire une politique neuve avec des idées vieilles; c'est qu'on veut faire l'Avenir à l'image du Passé.

Erreur profonde, qui menace d'engloutir des milliards, de répandre des flots de sang, de nous ramener au despotisme par l'Anarchie, au lieu de nous conduire à la fraternité par la Liberté !

Tous les inventeurs qui, croyant simplifier la question et réduire la dépense, se sont proposés pour but de faire marcher les locomotives sur les routes ordinaires, ont dû y renoncer, parce qu'il ne suffisait pas de résoudre le problème sous le rapport mécanique, il fallait encore le résoudre sous le rapport économique, et qu'en résumé il en aurait coûté plus de se passer de rails que d'en construire. Toute découverte nouvelle a ses lois.

Le glaive a remplacé la massue; la balle a remplacé la flèche ; la liberté de la presse est appelée à remplacer la poudre à canon ; ce sera le droit succédant à la force, l'idée succédant au fait.

Pour s'inscrire en faux contre la vérité de ces paroles, contre la justesse de ces prévisions, il faut n'avoir pas, dans la souveraineté du droit et de l'idée, la foi que j'ai toujours eue, car ceux-là se trompent qui ne font remonter qu'à six mois la guerre que j'ai déclarée à l'exagération des armées permanentes; il y a plus de quinze ans que j'ai commencé cette guerre.

Si, au lieu d'être étouffée, ma voix eût été écoutée, 200 millions d'économie annuelle depuis quinze années, formant un total de 3 milliards, eussent permis de verser sur la tête du peuple le flot de l'instruction publique, ce baptême de la démocratie, d'alléger le poids des impôts porté par le travailleur, d'améliorer le sort du pauvre, d'éteindre le paupérisme.... Prétendrait-on que ces 3 millards consacrés à l'entretien d'une armée qui n'a servi qu'à aveugler la royauté et ses ministres, en leur donnant le mépris coupable du droit, puisé dans le sentiment présomptueux de la force, prétendrait-on que ces 3 milliards ont été plus utilement employés à solder des capitaines qu'à rétribuer des instituteurs, à former des soldats qu'à former des citoyens ?

La Révolution de Juillet et la Révolution de Février ont montré quelle était, sous le régime de la liberté de la presse, la fragilité des gouvernemens tenus en équilibre sur la pointe d'une baïonnette.

De deux choses l'une : ou le pays est satisfait du gouvernement qu'il s'est donné, ou il est mécontent ; s'il en est satisfait, une armée exagérée est inutile au maintien de l'ordre, elle ne sert qu'à nuire au développement de la richesse : s'il en est mécontent, si nombreuse qu'on suppose l'armée, le soldat n'oubliera jamais qu'avant tout il est citoyen, qu'il l'était hier avant d'être sous les drapeaux, et qu'il le sera demain en retournant dans ses foyers.

Il n'y a pas besoin d'une armée considérable et dispendieuse pour réprimer les malfaiteurs ; la gendarmerie départementale et la police urbaine suffisent à ce soin.

Il n'y a pas besoin d'une armée considérable pour faire justice d'une conjuration d'ambitieux ou d'une émeute sans causes légitimes; cette tâche n'est pas au-dessus de la sévérité de l'opinion publique et de la presse périodique.

Impuissante à soutenir contre le vœu populaire un gouvernement issu d'une révolution, une armée de cinq cent mille hommes coûtant quatre cent millions de francs n'est donc nécessaire qu'en vue de la guerre.

Or, une agression est-elle à craindre ? d'où nous viendrait-elle ?

De l'Angleterre ?—Mais, l'Angleterre n'a pas

d'armée : elle n'a qu'une flotte et elle traîne aux pieds une dette de vingt milliards, des finances épuisées, des impôts exagérés et impopulaires, sans parler ni de l'Irlande ni des chartistes.

De la Russie ? — Mais pour arriver jusqu'à notre poitrine découverte, il faudrait que l'armée moscovite marchât sur le corps de toute l'Allemagne révolutionnaire, insurgée, armée, combattant à la fois pour la nationalité germanique violée et pour la liberté européenne menacée. L'empereur Nicolas le sait bien; aussi rien de plus pacifique, au fond, que son manifeste basé sur une hypothèse imaginaire : celle où il serait porté atteinte à l'inviolabilité des frontières russes.

Liberté de la presse.—Réduction des impôts ! (la réduction des impôts implique partout la réduction de l'effectif militaire) ces deux mots protégeront plus efficacement à Berlin, à Munich, à Stuttgard, la République française, que deux cent mille soldats que nous échelonnerions de Lille à Strasbourg.

La liberté de la presse faisant le tour de

l'Europe, c'est la fraternité des peuples rendant impossible la coalition des souverains.

Or, qui dit avec sincérité ***Fraternité des peuples***, porte écrits au fond de sa pensée ces mots : ***Respect des nationalités.***

Pourquoi donc une armée nombreuse et dispendieuse, si elle ne peut pas servir au dedans, si elle ne doit pas servir au dehors ?

N'avons-nous donc pas un emploi plus utile de l'argent des contribuables ?

Quels progrès n'eussent pas faits la civilisation, la fraternité entre citoyens et nations, si tous les milliards qui ont été employés à acquérir de la gloire avaient été consacrés à éteindre la misère, à honorer le travail, à améliorer l'existence du pauvre, à instruire le peuple, à développer l'énergie de son intelligence et la noblesse de ses instincts !

Qu'est-ce que l'armée ?—L'armée, c'est le peuple arraché violemment à sa famille, à sa commune, à sa charrue, à son champ, à sa profession ; c'est le peuple contraint de se mettre tout nu devant les membres d'un conseil de révision, qui passent l'inspection minutieuse de ses infirmités, de ses difformités, absolument comme s'il s'agissait d'achat et de vente de nègres; c'est le peuple obligé de consacrer les sept plus belles années de sa vie, de vingt à vingt-sept ans, à apprendre à emboîter le pas et à exécuter la charge en douze temps ; c'est le peuple condamné à toutes les rigueurs d'un code exceptionnel, à moins qu'il n'ait les 2,000 francs nécessaires à l'acquisition d'un remplaçant... De ceux qui défendent le peuple il est donc faux de dire qu'ils attaquent l'armée, puisque l'armée c'est le peuple.

Toutes les raisons que donnent les officiers pour démontrer la nécessité de la conservation des armées permanentes, les prêtres aussi les donnaient pour démontrer la nécessité du maintien de l'Inquisition. Selon eux, détruire l'Inquisition, c'était détruire la religion !

Si on les avait crus, l'Inquisition existerait encore.

La tolérance a aboli l'Inquisition et le saint-office.

Le crédit abolira la guerre et l'armée.

Le crédit sera le rédempteur du peuple.

LA FETE DE LA FRATERNITÉ.

21 avril 1848.

LA FÊTE DE LA FRATERNITÉ ! Tel est le nom officiel donné à cette journée qui, de sept heures du matin à 11 heures du soir, a vu défiler au bruit du canon, au son du tambour, aux chants de la *Marseillaise*, aux cris de : *Vive la ligne !* 400,000 baïonnettes autour de l'Arc-de-Triomphe de l'Etoile, ce monument posthume élevé en l'honneur de la guerre, aux frais de la Paix, inspiré par la Gloire, exécuté par la Liberté, conçu par Napoléon, achevé par Louis-Philippe, gigantesque antithèse sculptée dans la pierre, curieuse alliance d'idées contraires, parfaite image du caractère français !

Ainsi nous sommes.

C'est armés de fusils, d'armes destinées à donner la mort, que nous nous appelons frères !

Des fusils ! — Pour quoi et contre qui ?

Pour quoi? Est-ce que la guerre nous menace? Est-ce qu'il nous faut marcher à la défense de nos frontières envahies ou de nos remparts assiégés ?

Contre qui ? Est ce que les mairies ne délivrent pas de fusils à quiconque se fait inscrire dans les rangs de la garde nationale, aussi bien à ceux qui vont en chercher avec l'intention de s'armer pour attaquer le gouvernement qu'à ceux qui vont en chercher avec l'intention de s'armer pour le défendre ?

Est-ce que ce n'est pas absolument la même chose, — question de dépense à part, — de donner des armes à tout le monde ou de n'en donner à personne ? Est-ce que sous un gouvernement vigilant, la société n'est pas aussi bien défendue lorsque personne n'est armé que lorsque tout le monde est harnaché d'un fusil, d'une giberne et d'un sabre ?

Est-ce que ce n'est pas un anachronisme que de quitter la blouse pour l'uniforme, au lieu de quitter l'uniforme pour la blouse ?

Est-ce que ce n'est pas un humiliant aveu d'impuissance que de ne trouver rien de mieux à faire que d'organiser des bataillons, le lendemain d'une révolution dont le premier mot fut : — *Organisation du travail* ?

Est-ce que ce n'est pas donner aux esprits une direction tout à fait opposée à celle qui fait face à l'avenir ?

Est-ce que ce n'est pas ramener les questions en arrière au lieu de les pousser en avant ?

Est-ce que ce n'est pas enseigner au peuple le gaspillage du temps, lorsqu'on ne saurait trop lui répéter, dans l'intérêt de son bien-être, de son élévation, de sa moralité, que le temps c'est l'argent, que le temps c'est du savoir ?

Encore si l'on pouvait dire de cette fête : c'est une journée de repos pris par le travailleur; mais non, il n'est guère de fatigue plus grande que celle causée par quinze heures ainsi passées sous les armes.

Il est une fête de la fraternité que j'eusse comprise ; celle-là aurait eu un caractère bien différent de la fête d'hier.

On n'eût entendu ni canons, ni tambours.

On n'eût vu ni sabres, ni fusils, ni gibernes. Elle eût eu son hymne expressément composé pour elle.

Les vieilles marches guerrières eussent fait place à des marches nouvelles, exprimant des sentimens nouveaux, sentimens tout pacifiques,

Chaque bannière, au-dessous de ce mot FRATERNITÉ, eût désigné le corps d'état qui la suivait.

Chaque corps d'état eût été précédé de ses attributs.

Tous les arts, l'agriculture en tête, toutes les professions, toutes les conditions, tous les âges, toutes les écoles, tous les cultes eussent été réprésentés par des députations.

Dédiée au Travail et à la Paix, cette fête, vraiment fraternelle, se fût symbolisée par la pose d'un certain nombre de pierres destinées à marquer la place de statues élevées tout le long de la grande avenue des Champs-Elysées, à tous les inventeurs au génie desquels l'humanité doit une grande découverte, la civilisation un grand progrès, l'industrie un grand perfectionnement, la paix une grande victoire !

La première de ces statues eût été celle de Guttemberg, l'inventeur de l'imprimerie, de cet art qui est à la liberté de la presse ce que l'œuf d'où l'aigle est éclos est à l'aigle qui plane au-dessus des montagnes, des arbres et des monumens les plus hauts.

A cette fête, on n'eût pas vu de batteries de canons traînées par des artilleurs, mais on eût vu les instrumens aratoires les plus parfaits, la collection des machines les plus nouvelles, les plus beaux produits des industries les plus diverses ; enfin, des presses typographiques tirant 6,000 exemplaires d'un journal à l'heure, remorquées par des locomotives, car, compositeurs et imprimeurs sont les nouveaux artilleurs de la guerre nouvelle, de la guerre des idées !

Cette guerre-là est appelée à remplacer l'autre, en Europe, comme le glaive a remplacé la massue, et la mitraille le bélier.

A chacun son tour, à chacun son arme.

L'arme de guerre des rois contre les peuples est le canon; l'arme de guerre des peuples contre les rois est la liberté de la presse.

La Monarchie de 1830 est tombée le 24 février, quoiqu'elle eût force caissons et canons sur la place du Carrousel, parce qu'elle n'avait pas une seule casse, ni une seule presse dans le palais des Tuileries pour imprimer dans une heure trois mille proclamations; canons et caissons lui furent inutiles; casses et presses l'eussent sauvée!

Les anachronismes sont inexorables. On ne se trompe point de siècle impunément. Chaque pas que nous faisons nous éloigne du dix-huitième siècle, et nous rapproche du vingtième. Ne l'oublions pas!

La liberté de la presse et la vapeur ont fait de l'ancien monde un monde nouveau.

Nos grandes fêtes publiques ne doivent plus avoir le même caractère qu'à une autre époque. Si la fraternité doit y régner, les fusils ne doivent plus y paraître.

On pourra dire tout ce qu'on voudra, mais

l'idée qu'éveille la vue des baïonnettes, c'est l'idée de guerre internationale ou civile; ce n'est pas l'idée de fraternité populaire ou universelle. Une fête de la fraternité ne devait pas être une grande revue de la garde nationale, mais une grande revue de toute la société, où l'indigence elle-même aurait eu sa place et sa bannière.

Rien n'y eût manqué de ce qui aurait pu lui donner le caractère le plus complet de la fraternité la plus sincère.

Ce n'eût pas été un monotone défilé militaire; c'eût été plutôt une imposante procession religieuse avec les chœurs de l'Orphéon.

Mais il ne s'agit pas de la fête telle qu'elle aurait dû être donnée, il s'agit de la fête telle qu'elle a eu lieu et qui se résume dans ces quatre lignes: — Pendant douze heures, le même défilé de baïonnettes, le même chant, vieux de cinquante-cinq ans :

Qu'un sang impur abreuve nos sillons.

A cette solennité, une seule chose a manqué: — une idée qui ne fût pas banale, une idée qui n'appartînt pas à tous les régimes.

On lit dans le *Moniteur de l'Armée :*

« Un spectacle nous a frappé dans la solennité du 20 avril : c'est l'attitude militaire, le pas ferme, *l'air d'ordre et de discipline* de la garde nationale mobile. Ils sont encore en blouse, et ils marchent déjà alignés et silencieux comme des troupes de garnison ; ils ont à peine deux mois de service, et les voilà soldats ! Les voilà qui connaissent leur arme, qui savent s'en servir, qui aiment la caserne et la manœuvre, qui comprennent le devoir et la dignité de la discipline !

» C'est merveille de voir comme de jeunes officiers élus par leurs camarades, sortis des rangs du peuple, il y a deux mois, portent l'épée et l'uniforme ! Ils sont une preuve vivante qu'on naît militaire en France.

» Deux mois ont suffi pour faire de vingt mille enfans de Paris une troupe dévouée, docile au devoir, et prête à entrer en campagne !

» Que l'Europe sache bien ce qu'il faut de temps

pour faire des soldats de ce côté-ci du Rhin, et qu'elle vienne nous attaquer! »

Ainsi, c'est vous-même qui le dîtes, c'est vous-même qui le déclarez! « On naît militaire en » France. Deux mois ont suffi pour faire de la » garde nationale mobile une troupe prête à » marcher, si l'Europe venait nous attaquer. »

S'il en est ainsi, pourquoi donc arracher violemment chaque année à l'agriculture les bras les plus robustes, à la France ses fils les plus rangés, pour les tirer à la loterie et les faire passer sous les drapeaux? S'il en est ainsi, pourquoi donc sept contingens de 80,000 hommes, formant un total de 560,000 hommes? S'il en est ainsi, pourquoi donc gaspiller 365 millions par an, un million par jour? S'il en est ainsi, pourquoi donc avoir dépensé depuis 15 ans, en pure perte, trois milliards qui eussent été si utilement employés à rendre gratuite l'instruction publique, à améliorer toutes les conditions de la production, à abaisser tous les obstacles qui restreignent la consommation, à rendre moins grande la distance industrielle qui donne au commerce britannique tant d'avance et tant d'avantages sur le commerce français ?

L'Europe ne nous attaquera pas. Ce n'est pas l'Europe qui nous menace ; ce qui nous menace, c'est la misère. Comment arrêter son invasion ? — Par le retour de la confiance. Comment ramener la confiance ?—Par le rétablissement de l'équilibre entre les recettes et les dépenses de l'Etat. Comment rétablir cet équilibre rompu ?—Il n'y a que deux moyens : Par l'accroissement des impôts, ou par la réduction des dépenses. Peut-on accroître les impôts sans aggraver encore la misère ? Non. Eh bien, il faut donc réduire les dépenses. Mais quelles dépenses réduire qui offrent une économie importante, en dehors de celle qu'il s'agirait d'opérer sur l'armée et la marine militaire en leur donnant de nouvelles bases ?

On peut bien dire que nos idées sont fausses ou exagérées, mais le jour approche où l'on reconnaîtra qu'elles sont justes ; ce sera le jour où il faudra absolument aligner les dépenses avec les recettes et combler le gouffre béant du déficit.

FAIBLESSE DE LA FORCE.

5 mai 1848.

C'est l'armée qui, en 1830 et en 1848, a renversé deux fois la royauté.

C'est l'armée qui, depuis trente ans, ruine et perd la France.

C'est l'armée qui tuera la liberté après nous avoir jetés de la guerre civile dans la guerre étrangère, ou de la guerre étrangère dans la guerre civile.

Si la Monarchie de 1815 et la Monarchie de 1830 n'étaient pas tombées dans l'erreur de croire que réprimer le désordre, c'était maintenir l'ordre, que comprimer les idées, c'était les vaincre, la royauté constitutionnelle n'eût pas été deux fois abattue par un souffle de l'ouragan populaire; elle existerait encore. Mais que lui disait-on? On lui disait : « Vous n'avez rien à craindre et vous pouvez tout oser; *l'armée est sûre, vous avez avec vous la force!* » Que de fois n'ai-je pas entendu répéter autour de moi ces paroles par moi toujours et partout combattues: « *l'armée est le plus solide appui du trône!* » Comme l'armée, en effet, a bien empêché le trône de se briser! C'est que la force est de tous les points d'appui le plus faible là où règne, même à demi, la liberté d'examen et de discussion.

Entourez le président des Etats-Unis d'un nombreux état-major et de trois cent mille baïonnettes, et vous verrez ce qui arrivera. Des deux parts, la défiance ne tardera pas à naître; le pouvoir se défiera bientôt de la liberté, la liberté se défiera du pouvoir; le pouvoir fera des lois pour limiter la liberté, la liberté fera des révolutions pour limiter le pouvoir. Ce qui arriverait aux Etats-Unis est ce qui est arrivé en France.

Si la royauté constitutionnelle de 1815 et de

1830 ne s'était pas crue invincible derrière l'armée, elle eût cherché son salut dans la liberté et l'expansion, au lieu de le chercher dans la force et la compression ; elle n'eût pas entassé lois sur lois contre le droit d'examen et le droit d'association ; elle ne se fût pas isolée du peuple ! C'est ce qui l'a perdue. Tout pouvoir qui agit en vertu du droit du plus fort s'expose à se trouver un jour le plus faible. Il n'y a de pouvoir véritablement fort que celui qui agit toujours comme s'il n'avait d'autre appui que la raison. Les armées sont la séduction qui perdra tous les rois, car c'est en elles qu'ils puisent le mépris des peuples.

Si, après 1830, la France, plus confiante dans la maturité de la liberté, n'avait pas grevé son budget de sommes aussi considérables dépensées en solde de troupes, en armemens, en fortifications, toutes ses voies de communication seraient présentement achevées ; de l'essor de son industrie et de son commerce prospère fût sortie une marine marchande puissante ; toutes les conditions du travail, du travailleur et du contribuable eussent pu être sensiblement améliorées !

Aujourd'hui encore on croit que l'armée est un moyen efficace de maintenir l'ordre ; la République tombe à ce sujet dans la même erreur que la Monarchie ; on voit la journée, on ne voit pas le lendemain ; on voit la répression, on ne voit pas les représailles ; on voit le coup qu'on porte, on ne voit pas le contrecoup qui se prépare ; on voit un point, une ville, une rue, on ne voit pas le pays tout entier, le peuple et son esprit.

Ma raison se refuse à comprendre la République sans le désarmement, la liberté illimitée de la presse sans la prohibition absolue de toute arme, fusil, pistolet, baïonnette ou sabre ; c'est civilement et non militairement que l'ordre doit se défendre. Contre les idées dangereuses, le droit de les réfuter, contre les malfaiteurs, une gendarmerie suffisante et des gardes de ville à l'instar des *policemen* de Londres ; mais la guerre ! dit-on. Sans doute, si la France veut la guerre, il lui faut une armée ; mais pourquoi la guerre, et qui nous la fera, si nous ne la provoquons pas ? On nous répond : — Pour aller au secours des peuples opprimés. Nous répliquons : Cela est plus généreux en apparence qu'en réalité. Qu'aurons-nous fait si, pour sauver la liberté chez nos voisins, nous nous exposons à perdre la nôtre chez nous ? La victoire est la ligne la plus droite qui mène au despotisme ; le meilleur moyen de faire faire à la liberté de rapides progrès en Europe, c'est de la rendre chez nous digne d'envie, c'est de l'y rendre durable et féconde, c'est de restituer au travail l'argent qui en est détourné par l'entretien d'un effectif militaire exagéré, c'est de multiplier les institutions de crédit, ces arsenaux de la paix qui la protégent plus sûrement que les arsenaux remplis de munitions de guerre.

Armée, la France républicaine est faible, car tous les peuples se souvenant de l'Empire, disent : C'est la *Conquête*.

Désarmée, la France républicaine est forte, car tous les peuples ne regardant plus que l'avenir, disent : C'est la *Liberté*.

C'est là ce qu'il fallait comprendre, et ce que j'ai dit et répété dès le 25 février !

Au lieu de cela, on s'est hâté de jeter aux

défiances des peuples les noms pompeux d'Armée du Rhin et d'Armée des Alpes !

On s'est affaibli, on a accru les dépenses et aggravé la misère.

On a fait de la politique en arrière et de la fraternité à contre-sens.

Avant un an, on reconnaîtra que j'avais raison !

Il sera trop tard.

Si je reviens si fréquemment sur cette question, c'est qu'il n'en est pas de plus importante. La question du désarmement, c'est la question d'où dépendent :

La Paix,

La Liberté,

Le Crédit,

Le Travail,

L'Avenir !

LA PROPORTION DES ARMES.

27 avril 1848.

537,000 hommes ! — Tel est le total de notre effectif militaire établi par le *Moniteur de l'Armée*, qui ajoute : « La première révolu-
» tion n'avait pas 150,000 hommes de trou-
» pes régulières sous la main, lorsqu'elle
» entra en campagne contre l'Europe coali-
» sée. » Dans le même article du *Moniteur de*
» *l'Armée*, on lit ce qui suit : « La part faite à la
» cavalerie n'est pas en proportion de la force
» nécessaire à cette arme en temps de guerre.
» *Ce ne sont pas les hommes qui nous man-*
» *quent, ce sont les chevaux.* »

Cet article donne lieu aux observations suivantes, dont on essaiera en vain de contester la justesse.

Une armée ne mérite le nom d'armée qu'autant que la proportion des armes entre elles est judicieusement établie et rigoureusement maintenue. C'est un point sur lequel s'accordent tous les militaires ; la plupart fixent ainsi les bases de cette répartition :

Infanterie....................	5/8
Cavalerie....................	1/8
Artillerie et génie............	1/8
Gendarmerie à pied et à cheval.	1/8

Nous admettons ces bases; mais ce que nous n'admettons pas, c'est la donnée principale de cette répartition. Expliquons-nous.

Les militaires prétendent que l'infanterie étant l'arme essentielle et la plus nombreuse, c'est elle qui doit déterminer la proportion des autres armes.

Nous ne craignons pas de nous inscrire

contre cette erreur, et de dire que c'est la cavalerie, et non pas l'infanterie qui doit déterminer la proportion des armes entre elles.

Pourquoi ?

Cela s'explique de soi-même.

Parce que le nombre des chevaux propres à la remonte est limité par la production ; preuve : dès que l'on veut élever au-delà de cette limite naturelle le chiffre de la cavalerie, il faut recourir aux achats à l'étranger, ce qui est à la fois une ruine et une humiliation.

C'est ce qui est arrivé en 1840.

Si vous ne produisez de chevaux que pour *monter*, *remonter* et *entretenir* 25,000 hommes de cavalerie, n'ayez que 125,000 hommes d'infanterie et 25,000 hommes d'artillerie et de génie, plus votre gendarmerie.

Si, comme vous le prétendez, la juste proportion des armes entre elles est la condition fondamentale de toute bonne organisation militaire, reconnaissez donc que la production de vos chevaux est la limite naturelle qui vous est assignée; vous pouvez sans inconvénient rester en deçà, vous ne pouvez sans danger la dépasser.

Le plus simple bon sens l'indique.

Il n'est pas nécessaire d'être militaire pour démontrer que c'est par suite d'une erreur profonde et d'une irréflexion évidente, qu'on a fait de l'infanterie le pivot sur lequel roule la proportion des armes entre elles, lorsque c'est la cavalerie qui était appelée, par la force même des choses, à régler cette proportion.

Le *Moniteur de l'Armée* dit que la première révolution n'avait pas 150,000 hommes de troupes régulières sous la main lorsqu'elle entra en campagne contre l'Europe coalisée; n'est-ce pas donner pleinement raison à l'opinion que nous sommes à peu près seuls à soutenir dans la presse, ce qui n'empêchera pas tôt ou tard cette opinion de prévaloir?

Comment, lorsque l'Europe était coalisée contre nous, 150,000 hommes ont suffi pour défendre l'indépendance nationale, et aujourd'hui que l'Europe est révolutionnaire et révolutionnée; aujourd'hui que l'Europe est heureusement pour nous condamnée à l'impuissance de se coaliser; aujourd'hui que les peuples et les rois ne font plus lit commun, mais lit séparé; aujourd'hui que nous sommes protégés par un boulevard inexpugnable : le droit d'examen et de discussion, la liberté de la presse et de la tribune, qui s'étend de plus en plus, il nous faut 537,000 hommes!

Tant que nous aurons une plume entre les mains et une feuille de papier pour écrire, nous n'accorderons pas de trêve à une telle erreur, qui nous expose au danger le plus grave : le danger de la guerre dans nos rues, par suite de la ruine de nos finances, sous prétexte de défendre nos frontières et notre honneur contre des agressions qui ne les menacent pas!

Aveugles que vous êtes, ne voyez-vous donc pas qu'avec une dette publique qui déjà prélève 399,693,000 fr., le plus clair de vos revenus, vous n'êtes pas assez riches pour payer chaque année, en vue du risque improbable d'une guerre, une prime d'assurance qui dépasse 360 millions, et qui, marine comprise, s'élève à 500 millions !

Un demi-milliard !

Aveugles que vous êtes, ne voyez-vous donc pas que la grande question du présent et de l'avenir, c'est la question du travail ; que la question de la guerre doit aller rejoindre l'inquisition et tant d'autres questions auxquelles l'histoire sert de sépulcre !

Pourquoi la guerre ?

Les guerres de religion ne sont-elles pas à tout jamais éteintes en Europe ?

Les guerres de succession sont-elles à craindre, quand les rois tombent ?

Les guerres de frontières sont-elles au nombre des probabilités, quand l'Europe se sillonne de toutes parts de chemins de fer, quand toutes les barrières entre peuples tendent à s'abaisser, quand tous les fleuves sont couverts de bateaux à vapeur, pavillons pacifiques ?

Aveugles que vous êtes, ne voyez-vous donc

pas que depuis trente années le monde ancien a fait place à un monde nouveau, que le champ de bataille n'est plus le même?— Sur le nouveau champ de balaille, ce ne sont plus le fusil et le canon qui règnent, ce sont l'impôt et le crédit; le mot *Echanges* a remplacé le mot *Conquêtes!* Les conquêtes étaient les victoires de la guerre, les échanges sont les victoires de la paix. Ce n'est plus le sang du soldat, c'est la sueur de l'ouvrier qui coule!

Pour qu'elle coule moins, qu'y a-t-il à faire? Améliorer les conditions du travail. Mais comment les améliorer, si vous faites porter au régime de la paix le poids écrasant du régime de la guerre; si vous faites porter au présent double charge; si, lorsque vous avez toutes vos voies de communication à compléter, à perfectionner, à relier, tous vos moyens de transport à rendre moins dispendieux, tous vos octrois à abolir, tous vos impôts à réduire, toute une série d'établissemens à fonder pour en finir avec le paupérisme, assurer un asile aux invalides du travail, multiplier les crèches, les écoles, les ouvroirs, etc., etc., vous dépensez 500 millions, le tiers de votre budget, à entretenir des régimens qui se démoralisent dans des villes de garnison, et à construire des vaisseaux qui pourrissent dans les ports?

Aveugles que vous êtes, vous ne voyez donc pas que la guerre expire en Europe, que la révolution l'a vaincue, que la liberté de la presse l'achève, et que la guerre n'a plus qu'une seule chance de se ranimer, c'est celle que vous lui créez en vous occupant à contre-sens de bataillons, d'escadrons, d'armée des Alpes et d'armée du Rhin, lorsque c'est le crédit et le travail qui devraient vous absorber tout entiers!

Vous êtes aveugles; mais qui ne l'est pas aperçoit déjà dans le lointain le moment où vous serez à bout d'expédiens, où vous ne saurez plus que faire pour masquer votre incapacité; c'est alors que vous provoquerez une agression ou que vous prétexterez une insulte, afin d'enfouir dans la guerre le secret d'une criminelle incapacité!

En effet, la guerre est plus facile à déclarer que la paix à organiser.

Le canon et l'échafaud sont les deux argumens des gouvernemens et des révolutions au-dessous de leur tâche. On a dit que c'étaient les argumens du plus fort, on aurait dû ajouter : — et du moins capable.

La guerre est hors de toutes les probabilités, mais l'accumulation des fautes peut être telle qu'elle fasse de la guerre une nécessité.

Cette nécessité, si vous la faisiez naître, serait votre crime, car elle forcerait encore une fois l'humanité de reculer, au moment où elle allait avancer, car ce serait encore une fois l'ajournement de toutes les solutions pour lesquelles s'est faite la révolution du 24 février, car ce serait encore une fois le triomphe de la force et la défaite de la liberté.

Assez longtemps la force a régi le monde ; c'est à la liberté maintenant à le gouverner.

A chacun son tour et son œuvre.

Sans contredit, le régime de la liberté a d'immenses difficultés à vaincre, mais raison de plus pour qu'on ne les aggrave pas, pour qu'on ne les double pas inconsidérément en faisant monter l'avenir en croupe sur le passé, au lieu de faire monter le passé en croupe sur l'avenir.

A L'ARMÉE.

16 août 1848.

Qu'on le sache bien ! je fais la guerre à la guerre ; je fais la guerre à l'*exagération* des armées permanentes, mais je ne fais pas la guerre à l'armée ! Je ne serais pas ce que je suis si je ne savais pas apprécier à leur juste valeur et les immenses services qu'elle a rendus et l'admirable esprit qui l'anime. Je n'étais pas destiné, en naissant, à tenir une plume, mais une épée. Je m'en souviens : aussi personne n'a-t-il moins que moi l'ivresse de l'écritoire et l'engouement de la plume. Mais, pour moi, les faits sont les rayons de l'évidence, et, quand ils dardent, au lieu de fermer les yeux, je les ouvre.

Quiconque observe les faits, quiconque les étudie ne saurait nier que si l'Europe eût consacré à améliorer le sort des peuples, la moitié seulement des sommes qu'elle a dépensées depuis trente-trois ans à user des uniformes, à brûler des amorces, à défendre des territoires que personne ne songeait à attaquer, l'Europe aujourd'hui n'en serait ni moins heureuse, ni moins puissante. La Guerre ne serait pas plus proche, et la Révolution serait plus loin. Partout la Guerre tend à perdre du terrain, partout la Révolution tend à en gagner. Est-ce faux? est-ce vrai? Si cela est faux, j'ai tort; mais si cela est vrai, j'ai raison quand j'insiste sur la nécessité de réduire non la *force*, mais la *dépense* des armées permanentes.

Le grand Frédéric disait: « Une armée sans passe-droit en vaut dix. » Je répète après lui: — Huit mauvais soldats n'en valent pas deux bons. Un bon soldat coûte moins qu'un mauvais. C'est l'opinion des officiers les plus compétens, lesquels font passer le choix avant le nombre. C'était l'avis du maréchal de Saxe, qui l'exprimait ainsi : — « Il vaut mieux avoir » un petit nombre de troupes bien entretenues » et bien disciplinées que d'en avoir beaucoup » et qui ne le soient pas. *Ce ne sont pas les » grandes armées qui gagnent l s batailles, ce » sont les bonnes.* »

Si ces paroles sont vraies lorsqu'il s'agit pour un pays de défendre ses frontières ou ses conquêtes, bien plus vraies sont-elles encore lorsqu'il s'agit de défendre l'ordre et l'autorité dans les rues.

La question se réduit donc à savoir si la constitution de notre armée est ce qu'elle devrait être ?

Je n'hésite pas à repondre négativement.

Le bon sens se révolte quand on voit, d'une part, des fils de laboureur qu'on arrache violemment à leur charrue, des travailleurs paisibles qu'on enlève malgré eux à l'exercice de leur profession, pour les incorporer dans un régiment, et, d'autre part, une multitude de jeunes gens sans vocation décidée, sans carrière, sans avenir, dont la société déclare ne savoir que faire! Rendez moins imparfait le mode de recrutement par voie d'enrôlement, et le mode de recrutement par voie d'appel tombera de lui-même. Le service militaire est un *impôt*, est-il donc impossible d'en faire une *carrière*?

Si cela est impossible, qu'on le démontre par d'autres argumens que des banalités usées. Dès que le service militaire cesse d'être un *impôt* pour devenir une *carrière*, la durée du service se transforme; prétendre que deux soldats, dans ce système, en vaudraient au moins huit, c'est rester au dessous de la vérité. Pour les officiers, quelle différence d'avoir à commander à des hommes parfaitement exercés, ou à des hommes qu'il faut incessamment dégrossir, car à peine commencent-ils à être formés au maniement des armes, que la loi les libère et les rend à leurs foyers.

Je ne veux pas m'étendre sur ces idées que j'ai tant de fois exposées. Empêcher qu'on ne les dénature est mon seul but.

Non, je ne demande pas la suppression de

l'armée ; j'en demande la réduction graduelle.

Je ne demande pas qu'on en réduise la *force* ; je demande qu'on en réduise la ***dépense***, en compensant ce qu'on perdra sur le ***nombre*** par ce que le ***choix*** fera gagner.

Je demande que l'économie opérée sur l'armée serve à achever rapidement notre réseau de chemins de fer, parce qu'il y a un lien étroit entre cette dépense et cette économie. Ce lien est facile à saisir : il est incontestable qu'étant donnée, la nécessité de transporter 20,000 soldats de Paris à Lyon ou de Lyon à Paris, il faudra dix fois moins de temps par la voie des chemins de fer que par la voie des étapes. Donc, l'un des avantages, et ce n'est pas le moindre, du perfectionnement des voies de transport et de communication, est de permettre aux Etats de réduire leur effectif militaire sans cependant s'affaiblir. Eh bien ! aussitôt qu'une ligne ou une portion de ligne importante de chemin de fer, celle de Paris à la frontière belge, par exemple, était livrée à la circulation, a-t-on retranché sur le budget de la guerre un seul régiment? Non, loin de là ; depuis 1840, la France n'a cessé d'augmenter et le nombre de ses régimens de ligne et le nombre de ses brigades de gendarmerie.

Cela s'appelle vulgairement brûler la chandelle par les deux bouts. Et puis l'on s'étonne de se réveiller un jour en sursaut aux bords d'une banqueroute ! Il n'arrive que ce qui doit arriver. Le crédit qui n'a pas de racines est renversé au premier souffle de l'ouragan. Le champ ne produit qu'à la condition qu'on ne portera pas au moulin ce qui appartient au sillon ; si on donne tout à la mouture, il ne restera rien à la semence. Or, nous donnons tout à cette mouture qui s'appelle l'armée et la marine ; aussi rien ne reste-t-il à cette semense qui s'appelle le crédit et le travail. Où sont les institutions de crédit que nous avons fondées en France depuis trente-trois années que la paix règne en Europe ? Où sont les encouragemens *efficaces* que nous avons donnés à l'agriculture, cette mamelle de l'Etat ? Où sont les dégrèvemens d'impôts que nous avons effectués dans le but d'élargir la base de la consommation populaire, et d'admettre ainsi un plus grand nombre de convives au banquet du bien-être? Où sont les progrès que nous avons fait faire à la solution du grand problème de l'extinction du paupérisme? Où sont, enfin, les abris que nous avons élevés en prévision de ces orages qui se nomment des révolutions ?

Ouvrez le budget :

Le budget se divise en recettes et dépenses.

Il se subdivise ainsi :

Dette publique..........	399,000,000 fr.
Justice..................	26,000,000
Cultes	40,000,000
Affaires étrangères.......	8,800,000
Instruction publique.....	18,000,000
Intérieur................	122,000,000
Agriculture et commerce.	14,000,000
Travaux publics	161,000,000
Guerre (1)...............	320,000,000
Marine	139,000,000
Finances................	17,000,000

(1) Plus 38 millions 400,000 fr. pour les pensions militaires.

A moins de faire banqueroute, lorsque tous les fonds sont au dessous du pair, peut-on réduire la dette ? — Non.

Peut-on se passer de la justice, et la justice peut-elle se passer de tribunaux ? — Non.

Peut-on avoir des églises sans desservans, une religion sans dogme ? — Non.

Peut-on diminuer le budget de l'instruction publique ? — Non.

Peut-on tout prendre aux départemens et ne leur rien rendre (ministère de l'intérieur, service départemental ?) — Non.

Peut-on sur le budget du ministère de l'agriculture et du commerce, qui n'a que 14 millions, en économiser 20 ? — Non.

Peut-on ralentir nos travaux publics, qui marchent déjà trop lentement, car ils sont le juste contrepoids des charges du passé que supportent les générations présentes ? — Non.

Eh bien ! donc, sur quoi réduire si on ne réduit pas sur les budgets de la guerre et de la marine? Cela est bien facile à dire : Il ne faut pas réduire l'armée, car l'armée est nécessaire au maintien de l'ordre ; il ne faut pas réduire les dépenses de notre marine, car l'Angleterre est à la fois notre voisine et notre rivale. Mais jamais bonnes raisons n'ont manqué pour justifier la nécessité d'une dépense.

Si on peut aligner les recettes avec les dépenses sans réduire les budgets de la guerre et de la marine, ou sans accroître le poids déjà excessif des impôts, soit! que l'on considère tout ce qui précède comme non avenu. Mais si l'on reconnaît que cela n'est pas possible, qu'on cesse de me jeter inconsidérément l'épithète d'*ennemi de l'armée*!

Non, encore une fois, je ne suis pas l'ennemi de l'armée, car si je la veux graduellement moins nombreuse, je la veux mieux payée ; je demande que, d'un commun accord avec toutes les grandes puissances de l'Europe, aucune armée n'excède, en temps de paix, le deux-centième de sa population; je demande que le sort du soldat soit assuré à sa sortie du service; je demande que les hommes ne soient plus tirés à la loterie et arrachés malgré eux à l'exercice de leur profession ; je demande que l'esprit des officiers, excité par l'émulation, soit constamment appliqué à rendre la constitution de l'armée la plus parfaite et la moins dispendieuse possible ; je demande enenfin que l'armée, à défaut de la gloire, qui ne peut s'acquérir que par la guerre, se donne pour but le progrès, ce vaste champ de bataille de la paix.

DERNIÈRE EXPLICATION.

9 septembre 1849.

Une dernière explication, qui prouve que mes idées ne sont point en contradiction avec mes sentimens, est-elle donc encore nécessaire? Je dois le croire, d'après l'article suivant de la *Sentinelle de l'Armée :*

« Emile de Girardin, notre implacable ennemi politique, grandit de jour en jour. Voilà encore que l'opinion publique, cette courtisane capricieuse et fantasque, lui fait aujourd'hui des avances.

» Elle fait bien, car il est, à notre avis, le caractère éminent de l'époque actuelle. C'est un fait qu'il faut pourtant bien finir par admettre. Il nous en coûte d'autant moins de le proclamer que personnellement nous avons dès l'origine, et bien avant ses nouveaux partisans, admiré la trempe de son courage, écouté sa parole et proclamé sa supériorité sur tous les mirmidons, ses détracteurs; cette déclaration est un pur et simple acquit de conscience; elle est pour lui un gage de notre impartialité. Nous ne nous faisons d'ailleurs aucun mérite du rôle de défenseur officieux que notre sympathie nous a toujours fait prendre pour lui envers et contre tous, tant que l'armée était hors de cause.

» Il ne manque à Emile de Girardin que l'initiative militaire. S'il avait eu l'honneur de servir dans sa jeunesse, il aurait puisé dans la magnifique institution de la hiérarchie militaire l'idée féconde, productrice, qui manque seule, selon nous, à son génie; il y aurait appris les élémens de la véritable association, qu'il s'évertue à chercher partout, et dont le charme est là, et non ailleurs. Cette idée, l'âge et l'étude l'eussent fait germer dans son généreux cerveau, et il eût pu être un jour ce que l'empereur aussi voulait être, ce qu'il n'a pas su être, parce qu'il a pêché par l'extrême opposé : le *Napoléon de la paix*. Chez les fils des Gaulois, l'esprit militaire est comme le vin généreux; l'abus, il est vrai, ôte de la force, mais l'abstinence ne la donne point.

» .... Sur quoi repose notre dissentiment? Sur l'instruction militaire en elle-même; car, sans aucun doute, un homme de cœur admire les nobles instincts, l'abnégation sublime du soldat. Mais sans aucun doute aussi il le plaint.

» Eh! n'a-t-il pas raison de s'apitoyer sur le sort qu'on fait à l'armée! Nous autres, nous cherchons la cause de notre malaise dans l'impéritie de nos gouvernans; lui, la cherche dans l'imperfection de l'institution elle-même. Est-ce un sentiment de haine ou plutôt de générosité qui lui montre qu'on fait de l'armée, cette pure essence du peuple, un instrument inintelligent et toujours sacrifié, pareil au fruit dont on jette l'écorce dès qu'on en a exprimé le jus? Entre Emile de Girardin et nous, il y a vraiment plus d'un rapport. Lui aussi défend le peuple; il le défend avec ses armes comme nous avec les nôtres.

» Un cœur généreux comme le sien ne doit-il pas gémir de voir le rôle qu'on nous impose? Un jour on accorde l'instrument sur le ton de l'hymne en l'honneur de la politique : Soult ou bien Guizot; deux heures après, le ton change, et la même voix de commandement nous fait défiler la crosse en l'air. Un demi ton plus bas, et on nous désarme. Plus bas encore, on nous bloque dans nos casernes, avec ordre de les laisser piller sous nos yeux. Plus bas encore, on nous expulse... Et qui recueille le bénéfice de tous ces outrages? Les habiles.

» En conscience, le plan d'organisation d'Emir, de Girardin nous aurait-il dépréciés davantage?

» Craint-on les rancunes du peuple? On nous renvoie afin de l'apaiser.

» Craint on ses fureurs? On nous rappelle pour les dompter.

» Car l'armée, c'est le lion apprivoisé, c'est la dignité dans la force.

» Dans le passé, elle a fait la gloire de la France; dans le présent, elle fait sa sécurité; dans l'avenir, elle fera son salut.

» Si Emile de Girardin, ayant trop bonne opinion des hommes, a cru un moment que la société nouvelle pouvait se fonder par la seule puissance de la raison, sans luttes, sans passions, sans résistance, il doit être bien détrompé aujourd'hui.

» En somme, comme l'organisation de l'armée, aujourd'hui en cours d'exécution, nous paraît sortir des mêmes entrailles que sa bien-aimée sœur, l'organisation du travail, nous voudrions voir Emile de Girardin formuler son système. Il ne sera pas plus fatal que ce qui menace l'armée, si l'on en juge par ce qui a été fait jusqu'à ce jour. Le plan d'Emile de Girardin aurait au moins l'autorité de sa haute intelligence, de ses fortes études, de ses longs travaux, et nous ne sommes pas convaincus que les faiseurs actuels offrent, aux droits sacrés de l'armée, les mêmes garanties.

» Qu'Emile de Girardin vienne à nous. De sa pensée, toujours féconde, combinée avec la nôtre, toujours patriotique, surgirait peut-être une bonne solution.

» Qu'il vienne à nous : l'armée aime les braves et les forts, elle hait les despotes et les faibles.

» Qu'il vienne à nous : le danger commun doit réunir tous les dévoûmens.

» Qu'il abjure son stérile isolement : c'est le frère de l'égoïsme, et l'égoïsme, c'est le ver dans le fruit.

» Qui ne sait que dans ce remaniement radical de la société, tous les élémens doivent être modifiés pour le bien de tous? Il faut donc aussi que l'armée passe au creuset, mais c'est pour y gagner, sans doute, et non pour y perdre.

» La transfiguration sociale est l'œuvre de l'époque. Or, comme l'armée contient la plus rude sève de la couche inférieure, fondamentale de la nation ; comme, en outre, elle seule offre la théorie, avec l'application du principe hiérarchique, sanctionné par l'épreuve du temps, par sa résistance contre le dissolvant des révolutions : principe resté debout, grace à sa forte trempe, sur les ruines de l'édifice social ; c'est sur notre terrain, c'est autour de nous que le ralliement se fera, tôt ou tard. »

De ce que je pense que l'armée n'a pas la Constitution qu'elle devrait avoir, il ne s'ensuit nullement que je n'honore pas son abnégation, son courage, son patriotisme. Au contraire, j'honore d'autant plus son dévoûment, que je trouve plus rigoureuses les conditions en vertu desquelles elle existe.

Il est évident que son mérite serait moindre si le service militaire était pour le soldat ce qu'il est pour l'officier : une carrière au lieu d'être un impôt.

Le service militaire peut-il devenir une

carrière, le recrutement par voie d'appel peut-il faire place au recrutement par voie d'enrôlement?

Oui et non.

Non, si nous voulons continuer d'avoir un effectif de 560,000 hommes.

Oui, s'il nous suffit d'armer au 200e de notre population, chiffre qu'il ne serait pas difficile de faire adopter comme une règle par les grandes puissances de l'Europe, lesquelles fléchissent toutes sous le poids des charges publiques.

Alors nous aurions une armée composée d'enrôlés volontaires, qui n'auraient droit à la totalité de la retraite fixée qu'après trente années de services effectifs, sauf les cas de réformes prévus par la loi.

Prétendre qu'une armée de 180,000 volontaires ainsi composée en vaudrait au moins une de 560,000 hommes arrachés violemment à leur famille, à leur charrue, à leur profession, ou achetés et vendus par des compagnies d'assurances, ce n'est certes pas exagérer!

Je n'ai jamais cru, ainsi que le suppose la *Sentinelle de l'Armée*, que « la société nouvelle » pût se fonder par la seule puissance de la » raison, sans luttes, sans passions, sans ré- » sistance ; » ce que j'ai cru, ce que je crois encore, c'est que la liberté de la presse et l'invention de la vapeur ont créé des rapports nouveaux qui rendent impérieusement nécessaires la réforme de notre loi de recrutement et l'établissement de la force publique sur d'autres bases que celles posées dans le chapitre IX de la Constitution.

Si ces bases sont adoptées, attendons-nous à de nouvelles éruptions du volcan révolutionnaire, plus fréquentes encore que par le passé, et surtout plus terribles.

Qui ne le voit pas, n'a pas d'yeux !

L'IMPOT DU SANG. L'IMPOT DU TEMPS.

20 août 1849.

> La sainte-alliance est une idée qu'on m'a volée.... *Tant qu'on se battra en Europe, cela sera une guerre civile.*
>
> L'EMPEREUR NAPOLÉON.
> (*OEuvres de Louis Bonaparte*, t. 1.)

Les « *hommes sérieux* » sont ceux qui ne conçoivent l'Avenir qu'à l'image du présent. A leurs yeux, toute innovation est une chimère; toute réforme est une perturbation. Supprimer un abus leur paraît pour le moins aussi coupable que tuer un homme. C'est un meurtre.

Les « *hommes sérieux* » trouvent tout simple que des Etats consacrent le quart, le tiers, jusques à la moitié de leur revenu (1) pour en-

---

(1) En Autriche la dotation de l'armée est de

tretenir une armée en vue d'un risque de guerre dont trente-trois années de paix et plusieurs épreuves décisives ont démontré le peu de probabilité.

Les « *hommes sérieux* » trouvent tout simple que la France ait dépensé SIX MILLIARDS HUIT CENT CINQUANTE MILLIONS, de 1831 à 1849, pour aboutir à une situation qui ne lui a permis d'élever la voix avec autorité sur aucune question, alors même qu'il s'agissait seulement d'invoquer les traités de 1815, comme dans l'incorporation de Cracovie.

Les « *hommes sérieux* » prétendent que cet argent n'eût pas été aussi bien dépensé si la moitié seulement de cette somme de sept milliards eût été employée :

A achever, depuis cinq ou six ans, notre réseau de chemins de fer;

---

plus du *tiers* de la dépense générale de l'Empire, — en Prusse, de près de *moitié*, — en Russie, du *quart* du revenu. Dans les Etats de la confédération germanique, cette dotation varie du *tiers* à la *moitié* des revenus.

(*Moniteur de l'Armée.*)

A terminer nos canaux ;

A perfectionner toutes nos voies de transport et de communication;

A améliorer notre navigation fluviale et nos ports ;

A encourager notre agriculture ;

A réduire les taxes qui font obstacle au progrès de la consommation générale et du bien-être populaire ;

A rendre l'impôt plus égal et moins lourd ;

A étendre le crédit et à abaisser l'intérêt ;

A détruire, enfin, les révolutions dans leurs prétextes, en les combattant dans leurs causes.

Les « *hommes sérieux* « nient l'évidence qui montre que la guerre civile tend à s'universaliser par la paix armée et à dégénérer en guerre sociale.

Les « *hommes sérieux* » n'admettent pas que l'Europe soit assez éclairée encore pour poser et débattre dans un congrès une question aussi simple que celle qui consisterait à admettre cette base-ci :

L'ARMÉE DE CHAQUE ÉTAT SERA PROPORTIONNÉE A SA POPULATION, ET NE DEVRA PAS EXCÉDER LE 200e.

Est-il cependant une question plus simple dans ses termes et dans son application ? Est-ce que le contingent militaire des Etats qui composent la confédération germanique n'était pas fixé d'un commun accord ? Quel est l'Etat qui n'aurait pas intérêt à adopter cette base équitable, puisqu'elle laisse à chaque nation sa pesanteur spécifique dans les balances du monde, ne porte aucune atteinte à l'équilibre européen et permet d'abolir le recrutement, cet *impôt du sang*, pendant la guerre, cet *impôt du temps*, pendant la paix, cette violation, en tout cas, de la liberté individuelle.

Utopie, dites-vous.

En quoi donc ?

Est-ce que Montesquieu était un utopiste ? Il s'élevait en ces termes contre l'exagération des armées permanentes ;

De l'augmentation des troupes.

« Une maladie nouvelle s'est répandue en Europe ; elle a saisi nos princes et leur a fait entretenir un nombre désordonné de troupes. Elle a ses redoublemens, et elle devient nécessairement contagieuse ; car, sitôt qu'un Etat augmente ce qu'il appelle ses troupes, les autres, soudain, augmentent les leurs; de façon qu'on ne gagne rien par là que la ruine commune. Chaque monarque tient sur pied toutes les armées qu'il pourrait avoir si ses peuples étaient en danger d'être exterminés; et on nomme paix cet état d'effort (1) de tous contre tous. Aussi l'Europe est-elle si ruinée, que les particuliers qui seraient dans la situation où sont les trois puissances de cette partie du monde les plus opulentes, n'auraient pas de quoi vivre. Nous sommes pauvres avec les richesses et le commerce de tout l'Univers.

» La suite d'une telle situation est l'augmentation perpétuelle des tributs; et ce qui prévient tous les remèdes à venir, on ne compte plus sur les revenus, mais ON FAIT LA GUERRE AVEC SON CAPITAL. Il n'est pas inouï de *voir les Etats hypotéquer leurs fonds pendant la paix même*, et employer, pour se ruiner, des moyens qu'ils appellent *extraordinaires*, et qui le sont si fort que le fils de famille le plus dérangé les imagine à peine.»

Est-ce que l'auteur de l'*Histoire philosophique des Deux-Indes*, est-ce que Raynal était un utopiste? Il prédisait la révolte des

(1) Il est vrai que c'est cet état d'effort qui maintient principalement l'équilibre, parce qu'il éreinte les grandes puissances.

peuples, provoquée par la manie excessive d'avoir des troupes :

« La manie d'avoir des troupes, cette fureur qui, *sous prétexte de prévenir les guerres, les allume, qui, en amenant le despotisme des gouvernemens, prépare de loin la révolte des peuples....;* cette manie perdra tôt ou tard l'Europe.

» Hormis les empires naissans et les momens de crise, plus il y a de soldats dans un Etat, plus la nation s'affaiblit, et plus la nation s'affaiblit, plus on multiplie les soldats. »

(*Mémoires historiques de l'Europe.*)

Est-ce que l'auteur du *Siècle de Louis XIV*, est-ce que Voltaire était un utopiste abusé par un excès de sensibilité ? Il montrait que l'exagération des armées était une cause d'appauvrissement des nations :

« Parmi les nations de l'Europe, la guerre, au bout de quelques années, rend le vainqueur aussi malheureux que les vaincus. *C'est un gouffre où tous les canaux de l'abondance s'engloutissent.* L'argent comptant, ce principe de tous les biens et de tous les maux, levé avec tant de peine dans les provinces, se rend dans les coffres de cent entrepreneurs, dans ceux de cent partisans qui avancent les fonds et qui achètent par ces avances le droit de dépouiller la nation au nom du souverain.

» ... La guerre appauvrit nécessairement le trésor public, à moins que les dépouilles des vaincus ne le remplissent. Depuis les anciens Romains, je ne connais aucune nation qui se soit enrichie par les victoires.

» ... *Ne faudra-t il pas signer la paix après la guerre? que ne le fait on tout d'un coup?* »

Est-ce que Robespierre, pour emprunter nos exemples à tous les temps et parler à tous les esprits, était un utopiste égaré par la crainte de verser le sang ? Il considérait la guerre comme un crime gratuit contre le peuple :

« Robespierre comprit deux choses : la première, c'est que la guerre était un crime gratuit contre le peuple ; la seconde, c'est que la guerre, même heureuse, perdrait la démocratie. Robespierre considérait la rév.lution comme l'application rigoureuse des principes de la philosophie aux sociétés. Elève convaincu et passionné de Jean-Jacques Rousseau, le *Contrat social* était son Evangile ; la guerre faite avec le sang des peuples était, aux yeux de cette philosophie, ce qu'elle sera toujours aux yeux des sages, le meurtre en masse pour l'ambition de quelques-uns, glorieuse seulement quand elle est défensive.

» Robespierre ne croyait pas la France placée dans des conditions de nécessité et de salut suprême qui l'autorisassent à ouvrir cette veine de l'humanité d'où couleraient des fleuves de sang. Convaincu de la toute-puissance des idées nouvelles dont il nourrissait la foi et le fanatisme dans son ame fermée à l'intrigue, il ne craignait pas que quelques princes discrédités, fugitifs, et quelques milliers d'aristocrates émigrés vinssent imposer des lois à une nation dont le premier soupir de liberté avait soulevé le poids du trône, de la noblesse et du clergé. Il ne pensait pas non plus que les puissances de l'Europe, désunies et hésitantes, aussi longtemps que nous ne les attaquerions pas, osassent déclarer la guerre à une nation qui proclamait la paix.

» Dans le cas où les cabinets européens eussent été assez pervers et assez insensés pour tenter cette croisade contre la raison humaine, Robespierre croyait fermement à leur défaite ; car il croyait qu'il y avait une force invincible dans la justice d'une cause, que le droit doublait l'énergie d'un peuple, que le désespoir même valait des armées, et que Dieu et les hommes étaient pour le peuple.

» Il pensait de plus que, s'il était du devoir de la France de propager chez les autres peuples les lumières et les bienfaits de la raison et de la liberté, le rayonnement naturel et pacifique de la

Révolution française sur le monde serait un moyen de propagande plus infaillible que nos armes; que la Révolution devrait être une doctrine, et non une monarchie universelle réalisée par l'épée; qu'il ne fallait pas coaliser le patriotisme des nations contre ses dogmes. Leur empire était dans les ames. La force des idées révolutionnaires, à ses yeux, c'était leur lumière.

» Mais il comprit plus : il comprit que la guerre offensive perdrait inévitablement la Révolution et anéantirait cette république prématurée dont lui parlaient les Girondins, mais que lui-même ne définissait pas encore. Si la guerre est malheureuse, pensait-il, l'Europe étouffera sans peine, sous les pas de ses armées, les premiers germes de ce gouvernement nouveau, qui aura bien quelques martyrs pour le confesser, mais qui n'aura pas de sol pour renaître. Si elle est heureuse, l'esprit militaire, toujours complice de l'esprit d'aristocratie; l'honneur, cette religion qui attache le soldat au trône; la discipline, ce despotisme de la gloire, prendront la place des mâles vertus auxquelles l'exercice de la Constitution aurait accoutumé le peuple; ce peuple pardonnera tout, même la servitude, à ceux qui l'auront sauvé.

» La reconnaissance d'une nation pour les choses qui ont conduit ses enfans à la victoire, est un piége où les peuples se prendront toujours.

Ils iront eux-mêmes au-devant du joug. Les vertus civiles pâliront devant les exploits militaires. Ou l'armée viendra entourer l'ancienne royauté de sa force, et la France aura un Monk; ou l'armée couronnera le plus heureux des généraux, et la liberté aura un Cromwell. Dans les deux hypothèses, la révolution échappe au peuple, et tombe à la merci d'un soldat. La sauver de la guerre, c'est donc la sauver d'un piége. Ces réflexions le décidèrent. Il n'y avait pas encore de violence dans ses pensées. Il voyait loin, et il voyait juste. »

(LAMARTINE, *Histoire des Girondins.*)

Est-ce qu'enfin l'empereur Napoléon, la guerre faite homme, était un utopiste exalté par le culte de la paix ? Il dictait à Sainte-Hélène ces paroles :

« A Amiens, je croyais de très bonne foi le sort de la France, celui de l'Europe, le mien fixés, la guerre finie. C'est le cabinet anglais qui a tout rallumé; *c'est à lui seul que l'Europe doit tous les fléaux qui ont suivi*; *lui seul en est responsable*; pour moi, j'allais me donner uniquement à l'administration de la France, et JE CROIS QUE J'EUSSE ENFANTÉ DES PRODIGES. Je n'eusse rien perdu du côté de la gloire, mais beaucoup gagné du côté des jouissances; j'eusse fait la *conquête morale* de l'Europe, comme j'ai été sur le point de l'accomplir par les armes. De quel lustre on m'a privé!

» ... J'avais le projet, à la paix générale, d'amener chaque puissance à une IMMENSE *réduction des armées permanentes.*

» ... J'eusse voulu un institut européen, des prix européens, pour amener, diriger, coordonner toutes les sociétés savantes de l'Europe.

» ... Alors peut-être, à la faveur des lumières universellement répandues, devenait-il permis de rêver, pour la grande famille européenne, l'application du congrès américain ou celle des amphyctions de la Grèce; et quelle perspective alors de grandeur, de jouissances, de prospérité; quel grand et magnifique spectacle! »

Il prononçait ces autres paroles, recueillies par son neveu et son héritier, aujourd'hui Président de la République française :

« La Sainte-Alliance est une idée qu'on m'a volée... Tant qu'on se battra en Europe, cela sera une guerre civile. »

Il écrivait, le 6 septembre 1812, à Mojaïsk, marchant sur Moscou :

« Qu'est-ce que la guerre? Un métier de barbare, où tout l'art consiste à être le plus fort sur un point donné. »

Arrivons aux vivans : Est-ce que le général

Cavaignac est un utopiste? Le 31 mars 1849, il faisait entendre à la tribune ces mots :

« La guerre, c'est la dictature, c'est le danger de la liberté. »

Est-ce que M. Thiers, qui aime tant à décrire les batailles, est un utopiste? Il a imprimé ces lignes :

« La liberté a besoin maintenant de paix, parce qu'elle est un progrès d'esprit et que pour les progrès d'esprit il faut la paix.

» La République n'est pas faite pour les Etats grands, vieux, civilisés; elle ne peut subsister dans des Etats tout militaires; elle y dégénère bientôt en gouvernement du sabre. »

(*La Monarchie de* 1830.)

Est-ce que le président actuel du conseil des ministres doit être récusé comme un utopiste? Il écrivait le 15 novembre 1848 (la date est à remarquer) :

« Je désire que l'Elu du peuple sorte du scrutin avec une majorité assez forte pour décourager les tentatives violentes, et, enfin, pour donner à ce nouveau pouvoir assez de force pour qu'il puisse, sans danger, *réduire avec l'armée le budget qui nous écrase, nous éviter une banqueroute trop imminente, et, enfin, raffermir et rassurer la société.* »

Les « *hommes sérieux* » ne se croiraient-ils donc pas tenus à être des esprits logiques?

Il faut cependant choisir :

Entre l'entretien d'un effectif militaire qui nous coûte 400 millions par an et nous expose à *une banqueroute trop imminente*! C'est M. Odilon Barrot qui parle.

Entre la conservation d'une armée de cinq cent mille hommes et l'*impossibilité de la République !* C'est M. Thiers qui s'exprime ainsi.

Veut-on l'ébranlement de la société? Veut-on les conséquences de la banqueroute? Veut-on la suppression de la liberté? Eh bien! on n'a qu'à persister dans les erremens qui ruinent depuis trente ans la France et l'Europe, font la faiblesse des gouvernemens et la force du socialisme en entretenant les souffrances des peuples.

Ceux qui voulant l'affermissement de la paix, veulent la réduction des armées, ceux-là sont les hommes sérieux.

Ceux qui, voulant l'affermissement de la paix, ne veulent pas la réduction des armées, ceux-là ne sont pas les hommes sérieux.

Ce sont des révolutionnaires sans le savoir.

Ce sont des socialistes sans le vouloir.

Aujourd'hui, ce sont les peuples qui sont

conservateurs, ce sont les gouvernemens qui sont révolutionnaires.

Les peuples aspirent à la richesse.

Les gouvernemens marchent à l'appauvrissement.

Les peuples sont sérieux, ce sont les gouvernemens qui ne le sont pas.

Les gouvernemens en sont encore à l'âge des hochets, à l'âge où l'on s'amuse à battre du tambour, à traîner un sabre et à se poser soi-même en faction.

Ce plaisir-là, hommes sérieux, savez-vous ce qu'il coûte à l'Europe? Il lui coûte chaque année le tiers de ses revenus près de deux milliards. Or, c'est là précisément ce qui empêche l'Europe de donner à tous le travail, qui donnerait à tous, au moins, le nécessaire.

La paix armée, c'est la misère invétérée. Guerre à la misère ! Cette guerre qui moissonne le pauvre et qui menace le riche est la seule que devrait admettre désormais l'Europe, si les hommes d'Etat qui la gouvernent n'étaient pas en retard d'un tiers de siècle.

A la place de ces mots : — *la Paix armée*, hâtons-nous, hâtons-nous de mettre ceux-ci : *la Paix organisée* !

Ce n'est pas seulement la liberté en danger qui l'exige, c'est aussi la civilisation en péril !

LA GUERRE S'EN VA.

21 août 1849.

« En menant la France à la guerre, on a appris l'Europe à marcher : il ne s'est plus agi que de multiplier les moyens ; les masses ont équipollé les masses. Au lieu de cent mille hommes, on en a pris six cent mille ; au lieu de cent pièces de canon, on en a traîné cinq cents : la science ne s'est point accrue ; l'échelle seulement s'est élargie..... *Napoléon a tué la guerre en l'exagérant.* »

(CHATEAUBRIAND.)

Oui, la guerre s'en va !

— Comment pouvez-vous hasarder l'expression d'une telle pensée, lorsqu'elle est démentie par les faits ? Est-ce que les Hongrois et les Autrichiens, assistés par les Russes, ne se battent pas à outrance ? Est-ce que les Piémontais ne sont pas sous le coup d'une contribution de guerre qu'il leur faudra payer, sous peine de voir le maréchal Radetzki marcher de nouveau contre eux? Est-ce que la ville de Rome n'est pas occupée par des soldats français? Est-ce que la ville de Venise ne donne pas l'exemple de la plus héroïque défense? Est-ce que le Danemark n'a pas été obligé de s'armer pour le maintien de ses droits sur le duché de Schleswig-Holstein? Est-ce que les soldats prussiens ne parcourent pas en tous sens, tambours battans et mêches allumées, le territoire du Zollwerein? Est-ce qu'enfin l'odeur de la poudre ne s'exhale pas de toutes parts?

Je réponds : Oui, cela est vrai, le canon gronde, mais la guerre est intestine ; elle est de peuple à gouvernement, elle n'est pas d'Etat à Etat, de souverain à souverain. Est-ce que les Autrichiens, après la bataille de Novarre, ont reculé leur frontière et ajouté une perle à leur riche écrin? Est-ce que les possesseurs de Milan se sont emparé de Turin? Est-ce que la France a l'intention de garder Rome? Est-ce qu'enfin, sur un seul point, la plus légère atteinte a été portée à l'équilibre européen tel que l'ont établi les traités de 1815? Est-ce que de toutes les luttes, on a vu jaillir l'étincelle d'une pensée de conquête?

Des populations ont combattu et combattent encore pour leur indépendance, mais pas un seul coup de canon n'a été tiré en vue d'un agrandissement de territoire.

La guerre d'où l'esprit de conquête est absent, c'est de la dissension, ce n'est pas de la guerre. Aussitôt que les questions de gouvernement seront mieux posées, les dissensions s'éteindront pour ne plus renaître. Il suffira de substituer un mot à un autre : le mot de *confédération* au mot de *domination*. Confédérez les peuples et ne les dominez plus, vous n'en serez pas moins puissans et vous en serez plus riches !

Oui, la guerre s'en va ! Tout se réunit contre elle pour hâter son départ :

L'immense perfectionnement des voies de communication ;

Le morcellement du sol ;

La rareté des chevaux de selle propres à la remonte de la cavalerie ;

La diminution de la taille de l'homme appelé à recruter les armées ;

La perfection des armes de guerre et des moyens de destruction ;

La multiplication des échanges ;

L'abaissement des barrières de douanes;
L'essor de l'industrie;
Le développement du commerce;
L'empire de la banque;
Le poids des budgets;
Le triomphe du suffrage universel;
Le progrès de l'instruction populaire et de la raison publique;
L'aspiration de tous les peuples au bien-être;
La nostalgie, cette peine que n'a pas précédée la faute;
Enfin le cours nouveau des idées, qui autrefois remontait de la guerre à la paix, et qui maintenant remonte de la paix à la guerre!

La guerre paraît un non sens, un anachronisme; en effet, c'est un anachronisme et un non sens.

Lorsque le territoire d'une nation se sillonne en tous sens de canaux, de chemins de fer, de messageries; lorsque les fleuves se couvrent de bateaux à vapeur, lorsque la rapidité et l'économie de la circulation sont le but vers lequel tendent tous les efforts et tous les esprits, qu'arrive-t-il?

Il arrive que l'usage du cheval de selle devient chaque jour plus rare; si à ces causes, déjà si puissantes par elles-mêmes, on ajoute encore le morcellement du sol et la nécessité de donner aux populations laborieuses une nourriture plus abondante, on apercevra dans l'avenir que le jour n'est pas loin où le maintien de la proportion des armes amènera forcément la réduction des armées. Aussi, loin de m'associer à tous les efforts si dispendieux qu'on fait contre la nature des choses pour entretenir des haras, battraie des mains le jour où on les supprimera du budget. Ce sera 2,600,000 francs d'économie. Aucune économie, si ce n'est celle pourtant de la suppression des ambassadeurs et des ministres plénipotentiaires, ne sera plus judicieuse. Il n'y a pas à craindre que le cheval de trait et que le cheval de luxe manquent jamais. On en sera quitte pour les payer ce qu'ils vaudront. Demandez à votre territoire et à votre budget les chevaux de cavalerie que l'un peut nourrir sans effort, et l'autre payer sans rabais, et la proportion de vos armes se règlera d'elle-même par le nombre de vos chevaux. Il y aura, en France et en Europe, plus de chevaux qu'il n'en faudra lorsque tous les Etats auront admis d'un commun accord la base suivante, que la nécessité, si ce n'est la raison, les contraindra d'adopter, *Réduction des armées au deux centième du chiffre de la population.* La population de la France étant de 36,000,000 d'habitans, son armée serait de 180,000 hommes, ce qui suppose 30,000 chevaux au plus; mais nous portons ce nombre *au cinquième,* c'est-à-dire 36,000 chevaux. La France produira toujours facilement le nombre de chevaux annuellement nécessaire à la remonte d'une cavalerie restreinte à de telles proportions.

L'armée ne doit plus être qu'une transition.

Elle ne doit plus être un impôt; elle doit être une carrière.

Nul n'est contraint à se faire prêtre ; nul ne doit être forcé de se faire soldat.

Le suffrage universel est la porte par laquelle s'en ira le recrutement militaire.

Le soldat ne doit pas voter, et cependant l'on ne saurait priver de son droit au scrutin le citoyen que la loi a arraché à l'exercice de sa profession pour l'incorporer dans un régiment.

Comment sortir de cette double difficulté, qui paraît inextricable ?

On en sortira par l'enrôlement volontaire, car dès que l'Etat, sur votre demande, vous admet à servir, il est le maître de régler toutes les conditions de l'admission, comme vous êtes libres de ne pas les accepter.

Ainsi, la gendarmerie ne serait pas admise à prendre part aux élections qu'elle n'aurait pas le droit de se plaindre.

L'enrôlement volontaire équivaut à la réduction des armées.

Qui veut la paix et qui craint les révolutions ne saurait donc trop insister sur l'abolition du recrutement, ce mode barbare qui ne peut s'exercer qu'en mettant les hommes en loterie, qu'en soumettant les recrues à l'inscription corporelle la plus minutieuse et souvent la plus embarrassante, et qu'en conservant le remplacement que l'on aura beau flétrir, l'on ne parviendra jamais à le supprimer.

Eh bien ! donc, puisque vous ne pouvez pas absolument abolir le remplacement; abolissez alors le recrutement.

Réduire vos armées d'un commun accord, d'après le chiffre proportionnel des populations, au 200e, est une condition que vous impose impérieusement la nécessité d'arrêter la dégénération de l'espèce humaine.

Lorsque vous prenez les hommes les plus robustes de complexion, les plus hauts de taille, les plus sains, et que vous les incorporez sans tenir compte de la loi de mortalité, vous faites juste le contraire, pour l'espèce humaine, de ce que vous faites quand vous poursuivez à si grands frais l'amélioration de l'espèce chevaline. Améliorer celle-ci serait-il donc plus important que d'améliorer celle-là? Oublierez-vous que la mortalité dans les casernes est du double à peu près de ce qu'elle est en moyenne dans la cabane du cultivateur, dans l'atelier de l'ouvrier, dans le taudis du pauvre et dans la maison du riche? Elle est comme 19 est à 11; elle devrait être comme 11 est à 19.

L'armée, qui est l'abâtardissement de la population, est aussi le dépérissement de l'agriculture, car c'est à la charrue surtout que le fusil enlève les bras robustes entre lesquels il se place. Or, de quoi manque le peuple?

Est-ce de tissus pour s'habiller, non ; ce dont il manque, c'est de pain et de viande pour se nourrir.

Ou il faut le faire vivre, ou il faut le faire tuer !

Ainsi la question se ramène d'elle-même étroitement à ces deux termes : ou la paix organisée, ou la guerre déclarée.

La guerre contre qui et pourquoi ?

Est-ce qu'aujourd'hui la richesse se mesure à l'étendue du territoire et au chiffre de la population? Lorsque la France s'agrandirait territorialement, est-ce qu'elle ne verrait pas aussitôt ses charges s'accroître proportionnellement? Si la Belgique, par exemple, était redevenue ce qu'elle fut, une possession française, est-ce que nous n'aurions pas à nourrir les deux Flandres, cette autre Irlande ?

La difficulté de gouverner a vaincu l'esprit de conquête.

Il faut en prendre définitivement son parti.

Il n'y a pas un instant à perdre pour organiser la paix.

La misère le prescrit et l'impôt le veut !

PROJET DE PÉTITION.

16 avril 1848,

« La France républicaine n'a point à craindre la guerre européenne.

» La Liberté n'a plus rien à redouter de la Royauté.

» La liberté de la presse, faisant le tour de l'Europe, par la fraternité des peuples, rend impossible la coalition des souverains.

» Le moment est donc venu de constituer les armées permanentes sur leur véritable base : l'*Engagement volontaire.*

» Plus de conscription !

» Plus de loterie des hommes !

» Plus de remplaçans !

» Plus de traite des blancs !

» Plus d'exclavage militaire !

» Une armée fixée pour la France à 180,000 hommes (180,000 soldats sont à 36 millions d'habitans comme 200 est à 1), composée de volontaires âgés de seize ans au moins, s'engageant pour cinq années et pouvant ensuite se réengager de cinq années en cinq années, jusqu'à l'âge prévu pour l'époque de réforme et fixé pour le minimum et le maximum de la pension de retraite ; une telle armée vaudrait cinq fois plus et coûterait cinq fois moins que l'armée actuelle soumise au régime des appels, régime barbare en temps de paix, régime qui arrache violemment tous les ans à leurs familles, à leurs professions, à leurs travaux, à l'agriculture surtout, 80,000 hommes laborieux, âgés de 20 ans, choisis parmi les plus robustes et les mieux constitués, pour les rompre péniblement à l'habitude du désœuvrement, les envoyer se corrompre l'esprit et le corps dans les faubourgs infects des villes de garnison et les rendre ensuite à leur première profession et à leur commune, généralement déshabitués du travail, énervés, dépravés, souvent atteints d'un vice incorrigible: l'habitude de la débauche, et d'un virus héréditaire plus funeste au principe de la reproduction que s'il le frappait entièrement de stérilité.

» Avec l'encombrement qui obstrue l'accès de toutes les carrières, les engagemens volontaires suffiront et au-delà pour recruter une armée réduite au deux centième de la population; ce qui le prouve, c'est le nombre actuel des engagemens à prix d'argent, additionné avec le nombre des enrôlemens volontaires. D'ailleurs, plus la durée moyenne de l'engagement sera longue, plus les avantages offerts pour les réengagemens seront décisifs, et moins il y aura annuellement de vides à remplir. Est-ce que pour une place de gendarme vacante dans une brigade, il n'y a pas vingt demandes?

» Que l'on ne craigne donc pas de proclamer l'abolition de la conscription, qualifiée en

ces termes par l'empereur Napoléon : « *La*
» *conscription est la loi la plus affreuse et la*
» *plus détestable pour les familles.* »

» Ce sera un moyen tout simple de réorganiser l'armée, en lui donnant pour base le choix sur le nombre.

» Ce sera un véritable service rendu à l'agriculture.

» Ce sera une cause de perturbation de moins dans la société.

» Ce sera une atteinte qui ne blessera plus la liberté des vocations.

» Ce sera une carrière assurée pour les fils de famille qui arrivent à l'âge de seize à vingt ans ne sachant quel état choisir, et ne pouvant cependant rester plus longtemps à la charge de leurs parens.

» Le code militaire alors ne sera plus une monstruosité républicaine ; ce sera un réglement librement accepté, car on en aura pris connaissance avant de s'engager. »

(*Suivent les signatures.*)

CHIFFRE TOTAL DES DÉPENSES DE LA GUERRE DE 1831 A 1849.

Ce chiffre s'élève à 5,648,479,000 fr.

Ne sont pas comprises dans ce chiffre :

1° Les dépenses extraordinaires...	410,000,000
2° Les pensions militaires.	792,000,000
Ensemble.	1,202,000,000

En ajoutant cette somme à la première, on arrive à un total de 7,850,479,000 fr.

Etat-major. — Les états-majors prennent par an plus de 17 millions ? Le chiffre va croissant chaque année. La somme totale absorbée par l'état-major a été de 313,437,000 francs.

Gendarmerie. — La gendarmerie figure chaque année pour 20 millions environ dans le budget de la guerre.

Armée effective. — Sur les 5,648,479,000 fr. dépensés en 18 ans, l'armée effective ne figure que pour 3,518,000,000

Différence : 2,130,479,000

Plus de la moitié de cette différence a été employée en frais généraux et en dépenses d'une utilité au moins contestable. Les états-majors absorbent en outre 1/7e de cette différence.

En comparant les chiffres de l'effectif avec les chiffres de la dépense nécessitée par cet effectif, on en tire des renseignemens curieux.

En 1831, 192 millions suffisent pour 373,000 hommes et 82,828 chevaux.

C'est une dépense de 510 fr. par homme.

En 1832, 235 millions,—et en 1833, 224 millions, suffisent à peine pour 390,000 hommes et 82 à 84,000 chevaux.

C'est une dépense de près de 600 fr. par homme.

En 1836, 153 millions suffisent pour 289,000 hommes.

La dépense moyenne par homme retombe à 530 fr.

De 1843 à 1849, où l'effectif réel reste fixé à 318,000 hommes, et la dépense à 195 millions, la dépense moyenne par homme remonte à 600 fr.

Pourquoi ces différences? Il y a là une élasticité de chiffres et d'évaluation qui permet toutes les suppositions.

Arsenaux : Salaires d'ouvriers et approvisionnemens. — Le chiffre total des salaires et approvisionnemens dans les arsenaux est de 15,490,000 francs.

Les approvisionnemens figurent dans ce chiffre pour moitié à peu près.

Les salaires pour moitié, soit 7,700,000 fr.

A 900 fr. par an pendant 18 ans, cela ne suppose dans tous les arsenaux de France que 475 ouvriers.

Pour une telle armée industrielle, il n'y a pas un état-major moindre de 1,817 chefs et employés.

Manufactures d'armes. — A ce chapitre figure la fabrication des armes blanches, ainsi que l'abonnement des corps pour la réparation des armes.

Le chiffre total du chapitre est de 84,056,000 f.

La fabrication des armes entre dans ce chiffre pour 84 0/0, soit 80 millions.

Or, en 1846, pour 1,900,000 fr., on a fabriqué :

40,000 fusils à percussion ;
1,000 fusils de rempart ;
1,000 carabines ;
4,000 mousquetons ;
2,000 pistolets ;
6,000 sabres ;
10,000 baïonnettes ;
1,000 sabres-baïonnettes ;
1,000 sabres pour carabines ;
3,000 fourreaux de sabres ;
600 cuirasses.

En 1845, la fabrication n'a été que de 36,000 fusils, mais, en revanche, on a demandé un crédit de 100,000 fr. plus fort qu'en 1846 :

1o 4,000 fusils, en moins........	132,000 fr.
2o 100,000 fr. en plus............	100,000
Total..........	232,000

La fabrication de 1846 telle qu'elle résulte des chiffres ci-dessus suppose, pour les 18 années, une fabrication de :

1,600,000 fusils à percussion.
40,000 fusils de rempart.
40,000 carabines.
160,000 mousquetons.
80,000 pistolets.
340,000 sabres.
400,000 baïonnettes.
40,000 sabres-baïonnettes.
40,000 id. pour carabines.
120,000 fourreaux de sabres.
24,000 cuirasses.

En consultant l'inventaire des magasins en 1830, et en le comparant à l'inventaire des magasins actuels, déduction faite des armes fournies depuis 1830, on serait sur la voie de grandes dilapidations.

Fonderies et forges.—Le chiffre total de ce chapitre est de 30,311,000 fr.

200 canons de bronze de tout calibre ne coûtent que 300,000 f.

200 canons de fonte de 30 coûtent 310,000 fr.

200 obusiers de fonte de 0/22 coûtent 360,000 francs.

Les canons de bronze figurent pour 40 0/0 ; ceux de fonte pour 20 0/0 ; les obusiers pour 20 0/0 ; les projectiles pour 15 0/0, dans les 30 millions.

En comparant l'inventaire de 1830 à celui de 1848, et en déduisant toutes les pièces et les projectiles sortis des magasins dans l'intervalle, on peut contrôler exactement si la fabrication n'a pas donné lieu à des dilapidations.

Poudres.—Il en est de même pour les poudres, dont les fournitures faites à la guerre atteignent le chiffre total de 14,035,000 fr.

Observations sur l'effectif. — L'effectif réel ne comprend ni l'état-major, qui croit d'année en année, ni la gendarmerie.

L'effectif réel de 1831 à 1833 a été de 390,000 h.
— 1834 à 1842 — 290,000
— 1843 à 1849 — 320,000

L'appel annuel est de 80,000 hommes ; les citoyens pauvres arrachés par l'ordre du hasard aux travaux utiles n'auraient donc dû passer sous les drapeaux :

De 1831 à 1833, que 5 ans ;

De 1834 à 1841, que 3 ans et demi ;

De 1843 à 1849, que 4 ans.

D'où vient qu'ils y restent souvent 8 ans ?

On trouverait la réponse dans les registres mortuaires des corps en pleine paix.

Frais généraux. — En prenant la différence entre le chiffre total de chaque budget de la guerre et celui de ses dépenses réelles, on établit une colonne de chiffres qui est très curieuse, en ce qu'elle représente les frais généraux.

Cet excédant de dépenses, plus que contestable, se réduit en 1832, sous le maréchal Gérard, à 5,865,000 fr., somme qui s'est élevée, sous le maréchal Soult, jusqu'à 171 millions. La moyenne des dernières années est de 58 millions. Il y a là tout un problème à résoudre.

Dépenses du génie. —Sauf les cas extraordinaires, ce sont toujours les mêmes allocations qui y figurent. Ainsi, pour les réparations annuelles des casernes et autres bâtimens militaires, figure toujours le chiffre de 2,500,000 fr.

Pour les acquisitions de terrains, c'est tantôt l'allocation de 1,700,000 fr. qui figure de 1831 à 1834 ;

Tantôt celle de 2,500,000 fr. et 2 150,000 fr. qui figure de 1835 à 1841 ;

Tantôt celle de 1,675,000 fr. qui figure de 1842 à 1849.

Il serait curieux de cadastrer toutes les acquisitions faites : elles sont portées au budget pour 34 millions.

Observations sur l'effectif des chevaux. — L'effectif des chevaux, de 1841 à 1849, est en moyenne de 72,000 chevaux. Ils figurent pour l'article fourrages.

Or, les régimens de cavalerie, qui devraient avoir sur ce taux 800 chevaux en moyenne, n'en ont pas 600 ; l'effectif est donc frauduleux.

C'est ce qui explique que, dans les momens de guerre, l'on est obligé de faire faire des achats extraordinaires de chevaux pour remplir un effectif imaginaire.

Observations sur le chiffre des remontes. — On calcule les remontes de France sur 1/7e de l'effectif; si l'effectif est fictif d'un tiers, les remontes le sont également.

Jusqu'en 1841 le chiffre des remontes se calculait sur le 1/8e de l'effectif.

M. le maréchal Soult l'a fait calculer depuis 1841 sur le 1/7e. Différence : 9,780,000 fr.

Résumé : le système de la paix armée a coûté à la France, de 1831 à 1849, au détriment du travail, la somme de 6 milliards 850 millions.

TABLE DES MATIÈRES.

www.ingramcontent.com/pod-product-compliance
Ingram Content Group UK Ltd.
Pitfield, Milton Keynes, MK11 3LW, UK
UKHW020124200726
13856UKWH00002B/727

9 782011 748393